2004, Voxlingua
Dépôt légal effectué en Suisse : août 2006
Nouvelle édition 2012

© 2019 Bertrand Hourcade

Edition Book on Demand,
12/14 rond-point des Champs-Elysées, 75008 Paris
Impression : BoD – Books on Demand, Norderstedt, Allemagne
ISBN : 9782322138920
Dépôt légal : octobre 2019

Bertrand Hourcade

COMMENT ÉCRIRE UNE COMPOSITION

50 modèles pour apprendre à structurer un texte

Du même auteur

Dictionnaire de l'anglais des métiers du tourisme, Pocket, Paris, 1995

Cours de pratique du français oral, 2 vol., Messeiller, Neuchâtel, 1996

Dictionnaire du Rugby: français-anglais, anglais-français, La Maison du dictionnaire, Paris, 1998

Dictionnaire explicatif des verbes français, La Maison du dictionnaire, Paris, 1998 et FLTRP, Beijing,

Le Village magique, roman, Les Iles futures, Pully, 2001

Les Roses du château, recueil de nouvelles, Les Iles futures, Pully, 2004

Le Don du pardon, théâtre, Voxlingua, 2006

Explanatory Dictionary of Spanish verbs, Voxlingua, 2006

Práctica de la conjugación española, Voxlingua, 2006

Pratique de la conjugaison expliquée, Voxlingua, 2006

Diccionario explicativo de verbos españoles, FLTRP, Beijing, 2007

Voyage au pays des couleurs, conte, Voxlingua, 2008

Anthologie de littérature littéraire : du classicisme au surréalisme, Voxlingua, 2009

Anthologie de poésie française, Voxlingua, 2009

Marée blanche à Biarritz, roman, Voxlingua, 2013

Fatwa, roman, Bibracte, 2019

Comment étudier : méthodes pédagogiques et astuces didactiques, BOD, Paris, 2019

INTRODUCTION

C'est vers la fin du collège que l'élève commence normalement à s'initier à la composition d'un texte. Il apprend alors à ordonner ses idées d'une manière simple et logique et à rédiger un texte sur un sujet général. Ainsi, avant même d'entrer au lycée, l'élève s'efforce d'acquérir une base solide pour l'apprentissage subséquent de la dissertation.

Le besoin de structurer sa pensée s'impose à lui à l'âge où l'apparition de plus en plus fréquente de notions abstraites met souvent l'esprit en émoi et constitue un immense défi. Il lui faut donc créer un moule dans lequel couler ses idées. En un mot, **il lui faut structurer sa pensée pour penser la structure de ses écrits.**

Notre objectif est d'aider le jeune lycéen, - voire le collégien - à évoluer de la simple rédaction scolaire vers l'acquisition des structures mentales nécessaires à l'écriture d'une composition construite sur un plan préalable. Suivre un plan c'est s'assurer d'une unité de pensée et d'un raisonnement logique par la mise en place d'un système d'idées cohérentes. De plus, c'est stimuler l'imagination et ajouter d'autres idées auxquelles on n'aurait peut-être pas songé sans cet exercice préalable de construction d'un plan. Ainsi, la pratique d'une telle méthode est susceptible de donner de la confiance à l'élève afin de lui permettre de conjurer le sentiment d'impuissance et de frustration qui s'abat souvent sur lui lorsqu'il est en panne d'inspiration devant la feuille blanche.

Notre ouvrage présente un total de 21 types de plans répartis en 5 différentes catégories. Ces **catégories de plans** ont été présentées dans un ordre de difficulté croissante; il faut donc les aborder de préférence dans l'ordre de présentation du livre, à savoir:

1. catégorie du plan chronologique
2. catégorie du plan inventaire
3. catégorie du plan par inférence
4. catégorie du plan comparatif
5. catégorie du plan dialectique

Si les 2 premières catégories (plans chronologique et inventaire) qui sont plus simples peuvent se pratiquer à la fin du collège, l'ensemble de l'ouvrage est vraiment conçu pour le lycéen dans sa première année de lycée.

A l'intérieur de chaque catégorie se trouvent plusieurs **types de plans** qui sont aussi présentés du plus simple au plus complexe.

Dans le présent ouvrage, on a prêté une attention particulière aux quatre points suivants:

1. la nécessité d'adopter un plan de travail
2. la conception et la mise en œuvre de ce plan
3. le rôle que peut souvent jouer l'élève dans le choix du type de plan
4. la difficulté que rencontre l'élève lors de la mise en place de plans complexes

1 Ecrire n'est pas facile. Lorsque l'élève quitte la simple narration qui est d'habitude chronologique, il rencontre des difficultés liées à l'organisation des idées. La rédaction de toute

composition passe par la préparation du plan, c'est-à-dire l'ordre logique de présentation des idées. De là découle la clarté du texte. Ce livre espère aider à la prise en compte de cette logique structurelle qui régit l'écriture.

2 Apprendre à élaborer un plan et à écrire à partir de ce dernier est l'objectif de ce livre. L'idée de créer un plan paraît assez mystérieuse, voire effrayante, à beaucoup d'élèves. Pour l'exorciser, nous avons fait recours au code de couleurs suivant :
- en rouge les schémas de plan, ces grilles théoriques qui sont la colonne vertébrale de tout plan.

Vis-à-vis du schéma de plan, nous avons ensuite montré le plan complet avec le plus de clarté possible :
- en bleu les éléments essentiels de ces plans, notamment les thèmes majeurs. Parfois on trouvera aussi en **gras** d'autres éléments clés.

Les plans présentés sont ensuite mis en pratique dans les compositions rédigées. De plus, la deuxième de couverture inclut un modèle de schéma et de plan pour référence rapide.

3 En traitant parfois le même sujet de composition dans plusieurs catégories de plans – et parfois aussi dans plusieurs types de plan appartenant à la même catégorie –, nous avons voulu montrer à l'élève qu'une même donnée peut être abordée de différentes manières et qu'il n'existe pas nécessairement un seul plan pour un sujet donné. Ainsi l'élève parcourant cet ouvrage pourra comparer les différents plans se rapportant à un même sujet et par là même réaliser que le choix du plan n'est bien souvent dépendant que de … lui-même.

4 Il est assez fréquent que l'on écrive un texte en combinant deux, voire trois types de plans simultanément. Cette complexité sera mise en évidence et expliquée dans une section spéciale que l'on trouvera à la fin du livre (aux pages 95 à 99).

Le présent ouvrage se veut éminemment pratique: il donne un maximum de conseils à partir d'un grand nombre de plans différents qui sont présentés pour eux-mêmes et sous forme de compositions écrites. A quelques exceptions près, les compositions de cet ouvrage sont inférieures à 500 mots. Cependant, la longueur d'une composition n'ayant aucune incidence sur son plan, tout ce qui est présenté ici est également valable pour des compositions plus longues.

Nous avons essayé de varier le type de sujets en donnant bien sûr des **sujets personnels, en rapport avec le vécu de chaque élève**. Mais nous avons également inclus des sujets **objectifs** – certains même **abstraits** – nécessitant donc une réflexion plus approfondie, et parfois même une certaine recherche.

On trouvera trois types de compositions rédigées:

1 les **compositions balisées**: elles sont présentées avec un code utilisant un fond de couleur grise qui indique à l'élève le fil conducteur du plan suivi dans la composition. Au début de chaque chapitre, le plan détaillé d'un certain nombre de compositions (au moins une par type) est accompagné d'explications. Le titre des compositions qui sont expliquées sous forme d'un tel plan détaillé est précédé d'un astérisque (*).

2 les **compositions à analyser**: elles se trouvent à la fin de chaque chapitre et appartiennent toutes à la catégorie traitée dans le chapitre en question. Ici, c'est à l'élève de retrouver le type de plan adopté dans la composition et de le baliser lui-même. La composition est généralement suivie d'une série de questions pour orienter l'élève dans la recherche des éléments majeurs du plan du texte.

3 les **compositions à plan complexe** auxquelles il est fait allusion plus haut: ces dernières sont présentées à la fin de l'ouvrage. Dans leur développement se combinent en général deux, voire trois types de plans qui se superposent les uns aux autres.

On trouvera en annexes un éventail d'outils supplémentaires pour faire face à ce défi permanent qu'est la recherche de la clarté de l'écriture et qui doit être le but essentiel de celui qui écrit. Parmi ceux-ci se trouve une liste de plus de 300 sujets de composition destinés à la pratique des élèves.

De plus, les réponses aux questions posées dans les"analyses du texte" qui sont placées à la suite des compositions se trouvent toutes dans les corrigés (pages 140 à 150).

Il faut donc reconnaître, avant de clore, que la composition de textes à teneur analytique ou argumentatif est un art qui nécessite beaucoup d'attention et de travail de la part de celui qui écrit. Dans cette optique-là, écrire à partir d'un plan, c'est concevoir les choses justement et s'efforcer d'organiser ses pensées logiquement; en un mot, c'est appliquer ce que le maître Boileau voulait dire par sa célèbre maxime de *l'Art poétique:*

> **Ce que l'on conçoit bien s'énonce clairement,**
> **Et les mots pour le dire arrivent aisément.**

Le vœu de l'auteur est que la clarté du message soit toujours une priorité et que l'élève s'attache à respecter systématiquement ce principe dans la composition et plus tard, dans l'exercice encore plus exigeant de la dissertation.

QU'EST-CE QU'UNE COMPOSITION?

Passer de la rédaction scolaire apprise à l'école primaire à la composition implique une ouverture d'esprit, une évolution vers un niveau élevé de pensée et d'écriture. La composition doit donc faire apparaître, par sa forme, par son plan, par sa rigueur, ce niveau supérieur de pensée qui permet l'analyse, la nuance et la clarté.

Les caractéristiques suivantes sont des éléments qui entrent généralement dans la composition:

La structure: le corps de la composition est constitué des trois parties majeures selon le schéma conventionnel que sont l'introduction, le développement et la conclusion. La présentation et l'arrangement de ces parties – notamment le développement par la multiplicité de ses paragraphes – est régi par un ensemble de procédés techniques qui font de cet exercice quelque chose de précis et de technique.

Le plan: alors que la structure d'une composition ne varie que peu d'un sujet à l'autre, il n'en est pas de même du plan que chaque élève peut plus ou moins adapter différemment à chaque sujet de composition. Un même sujet peut être traité selon différents plans par différents élèves et avec tout autant de succès.

L'analyse: l'élève qui va développer la composition sur plusieurs pages trouve son inspiration dans l'étude du titre du sujet et du thème général évoqué qu'il convient d'analyser à fond en comptant non seulement sur l'apport de l'expérience personnelle mais aussi sur le simple bon sens ainsi que sur le niveau de culture générale. A partir d'une analyse fouillée doivent surgir de subtiles nuances destinées à faire des comparaisons ou aboutir à des résolutions de problèmes.

L'objectivité: à moins que le sujet de la composition ne sollicite directement une opinion personnelle, il faut garder un point de vue objectif. Dans la composition, on demande généralement un regard impartial sur le sujet étudié. L'élève doit pouvoir se distancer de l'objet qu'il analyse et demeurer un observateur impassible. Ainsi, il lui est demandé de s'extraire de la gangue du subjectivisme qui l'a toujours guidé dans ses jeunes années, d'acquérir un regard nouveau et neutre et donc de prendre du recul par rapport à lui-même. Il est cependant possible et même souhaité d'émettre un avis personnel qu'il est recommandé de réserver pour la conclusion.

L'abstraction: même si le sujet de certaines compositions demeure du domaine du concret, l'objectif évident est d'arriver à traiter des sujets abstraits. Ainsi donc, là où la rédaction restait principalement dans le domaine de la description, de la narration ou dans celui de la subjectivité (opinion personnelle), la composition s'oriente plutôt vers les sujets impersonnels. L'élève qui écrit des compositions doit être capable de jongler avec des idées et non plus simplement des faits afin d'être, dès la première année du gymnase, familiarisé quelque peu avec le monde de l'abstraction.

STRUCTURE DE COMPOSITION

Comme déjà annoncé plus haut, une composition comporte toujours trois parties:

1. l'introduction
2. le développement
3. la conclusion

Il n'existe pas de modèle unique pour écrire une introduction ou une conclusion. Ces deux dernières nécessitent une attention particulière de par leur position dans la composition. Ainsi, commencer une composition en s'assurant de partir sur le bon pied n'est pas toujours facile. De même, terminer une conclusion par une tournure générale et pertinente à la fois nécessite quelque pratique.

INTRODUCTION

Elle contient 3 parties (donc peut-être **trois phrases** tout simplement):

1 Annonce du thème principal.
Un thème peut être un seul mot, par exemple: l'amour, ou encore: l'automne. Ce mot est souvent inclus dans l'énoncé de la composition.

Pour trouver le thème, il faut répondre à la question: de quoi parle ce sujet?

La première phrase de l'introduction est souvent la plus difficile à écrire de toute la composition car il faut ici éviter plusieurs écueils et notamment celui de ne pas cadrer le sujet ou celui de débuter d'une manière trop abrupte.

Il faut donc mentionner le thème à développer pour éviter de commencer hors sujet.

Voici **8** différents moyens parmi d'autres pour commencer l'introduction:

1. faire une **comparaison**
2. poser une **question** rhétorique
3. faire une **généralisation** sur le thème
4. donner un **exemple** mettant en évidence le thème
5. placer une **citation** en rapport avec le thème
6. faire un **trait d'esprit** sur le thème
7. énoncer un **paradoxe** destiné à capter l'esprit du lecteur
8. placer une **antithèse** destinée à attirer l'attention

2 Annonce de l'idée principale.
L'idée principale est l'aspect du thème retenu ou la thèse que l'on va développer. Elle doit être idéalement une courte phrase, par exemple: la conséquence de l'amour déçu ou encore: l'automne, symbole de la vieillesse.

Pour trouver l'idée, il faut répondre à la question: que dire sur le thème?

3 Annonce du développement.

Dans cette dernière partie de l'introduction, il faut préparer le lecteur à ce qu'il va lire dans les différents paragraphes du développement. Idéalement, on présentera – dans un ordre précis – les sujets de discussion qui seront traités à raison d'un par paragraphe.

Pour savoir que dire ici, il faut répondre à la question: quels sont les différents aspects de l'idée principale à discuter?

DEVELOPPEMENT

En principe, le développement contient autant de paragraphes que de sujets de discussion annoncés dans la troisième division de l'introduction. La difficulté de cette partie réside dans l'ordre choisi pour présenter les thèmes. Il faut que cet ordre-là soit clair, logique et naturel, adoptant de préférence un ordre croissant d'intérêt.

C'est dans le développement qu'il convient de mettre en application le plan le mieux approprié pour traiter le sujet et préalablement choisi par l'élève.

CONCLUSION

Elle comprend deux parties (donc, peut-être **deux phrases** tout simplement)**:**

1 la synthèse. Cette partie ne doit pas être une répétition ni un résumé du développement. Elle doit dépasser ce simple stade et déboucher sur l'aboutissement, sur la **conséquence** que le développement permet d'envisager maintenant.

Pour trouver la synthèse, il faut répondre à la question: de ce qui a été dit dans le développement, quel en est le résultat, la conséquence?

2 l'élargissement. Il s'agit de finir la composition en quittant le sujet d'une manière douce et en revenant à quelque chose de plus général mais toujours en rapport avec le sujet.
Voici six différents moyens parmi beaucoup d'autres pour élargir et terminer la composition:

        1 établir une comparaison
        2 donner une opinion personnelle (si le sujet a été objectif jusqu'ici)
        3 poser une question rhétorique ou une question de relance
        4 proposer (si possible) une solution au problème soulevé
        5 faire un trait d'esprit
        6 amener une citation en rapport avec le sujet

SCHEMA DE LA STRUCTURE D'UNE COMPOSITION

Introduction Elle annonce les 3 aspects suivants:

1 le thème: - répondre à la question: *quel est le thème à traiter?*
Pour cela, choisir un des **8** moyens suivants :
(procédé mnémotechnique du : «**cq ge ce pa** = **ce que je sais pas** »)

> 1. **c**omparaison
> 2. **q**uestion rhétorique
> 3. **g**énéralisation
> 4. **e**xemple (anecdote, fable, histoire…)
> 5. **c**itation
> 6. **e**sprit (trait d'-)
> 7. **p**aradoxe
> 8. **a**ntithèse

2 l'idée: - répondre à la question: *que dire sur le thème?*
3 le développement: - répondre à la question: *quels sont les divers aspects à débattre?*

Développement Il suit un plan précis à choisir en fonction du type de sujet:

Paragraphes: Le développement comprend plusieurs paragraphes dans lesquels on présente idées et exemples pour traiter du sujet.

Plan: Dans le développement, il faut appliquer un plan précis parmi les différents modèles existants. Ce plan doit permettre de:

- présenter **l'ensemble** selon la manière la plus appropriée et pertinente

- présenter les **idées** selon une logique évidente

- présenter les **transitions** entre les paragraphes d'une manière claire

Conclusion Elle comprend 2 parties distinctes:

1 synthèse: - répondre à la question: *quelle est la conséquence du développement?*

2 élargissement: - choisir un des **6** moyens suivants pour élargir la conclusion:
(procédé mnémotechnique du : « **coq sec** ») :

> 1. **c**omparaison
> 2. **o**pinion
> 3. **q**uestion
> 4. **s**olution
> 5. **e**sprit (trait d'-)
> 6. **c**itation

STRUCTURE DE COMPOSITION

MES DERNIERES VACANCES D'ETE

> INTRODUCTION: 1 annonce du thème 2 annonce de l'idée 3 annonce des thèmes

1 Durant mes dernières vacances d'été, je suis parti pour la Côte basque, à Biarritz exactement. 2 Pendant le mois d'août entier, je m'y suis terriblement bien amusé, 3 grâce au charme de cette région, aux gens que j'ai rencontrés et surtout à … Sylvie.

> DÉVELOPPEMENT: Chacun des 3 paragraphes suivants traite un des 3 thèmes mentionnés en fin d'introduction : le charme, les gens et Sylvie.
> Ces 3 thèmes sont étudiés dans le même ordre que celui de leur présentation.

Le Pays basque est une destination touristique privilégiée en France car il est empli d'un charme tout particulier visible à travers sa cuisine et son climat tempéré: ce dernier est un de ses grands atouts: il a fait beau tous les jours de mon séjour, d'une chaleur vivifiante et saine qui chauffe sans brûler. D'autre part, la cuisine française n'a plus de réputation à se faire et le Sud-Ouest de la France apporte une contribution non négligeable à la réputation culinaire nationale. J'ai mangé dans plusieurs restaurants aux cuisines gasconne, espagnole, et aussi basque. Car il y a trois cultures qui se chevauchent dans ce coin de l'Hexagone et on retrouve tout cela dans l'assiette. Ce que j'ai préféré, c'est la recette du poulet basque et surtout celle du gâteau basque. Quel délice !

Outre mes amis de Biarritz, j'ai fait la connaissance de gens venus du monde entier car la région est très cosmopolite et attire une foule très internationale surtout l'été. Comme je suis un fanatique du surf, c'est par là que j'ai rencontré beaucoup d'Américains d'Hawaii, de Brésiliens et de Néo-zélandais, tous plus fanatiques que moi: certains vivent dans un minibus près de la côte pour profiter au maximum des jours de bonne glisse ! Le monde des surfeurs est vraiment unique et sans l'attrait de ce sport aquatique, je ne serais probablement pas venu dans cette région.

Je me croyais le plus heureux du monde entre mes copains, mes petits repas exotiques et la glisse sur les meilleures vagues d'Europe, jusqu'au soir où j'ai rencontré Sylvie. C'était dans une boîte de nuit, près de la plage. Ce fut un véritable coup de foudre: du jour au lendemain, plus rien ne m'intéressait si Sylvie n'était présente et je n'arrivais pas à me concentrer sur ma planche si je ne me savais pas observé par elle depuis la plage. Notre idylle a duré jusqu'à la fin du mois d'août et cet amour d'été a vécu un moment difficile au moment de la séparation.

> CONCLUSION: 1 synthèse: donner la conséquence du développement   2 élargir

1 Après de telles vacances, je n'ai plus qu'un seul et unique désir: retourner à Biarritz dès la fin de l'année scolaire prochaine pour y repasser tout l'été si possible. 2 En effet, depuis que j'ai appris que Sylvie va aussi y revenir en juillet prochain, puis-je envisager un autre endroit où je puisse être aussi heureux entre la glisse et l'amour ? Vive le Pays basque !

Analyse de texte   voir corrigés p. 140

1	Paragraphe 1:	quel est le thème de ce sujet ? ou : de quoi parle ce sujet ?
2	Paragraphe 1:	quelle est l'idée de ce sujet ? ou : que dit l'auteur sur le thème ?
3	Paragraphe 1:	quels sont les différents aspects de l'idée principale à discuter ?
4	Paragraphes 2 / 3 / 4 :	quels sont les thèmes étudiés dans le développement ?
5	Paragraphe 2:	quels sont les sous-thèmes étudiés dans ce paragraphe ?
6	Paragraphe 5:	quelle est la conséquence de ce qui a été dit dans le développement ?
7	Paragraphe 5:	quel moyen a été utilisé pour présenter l'élargissement ici ?

LE CHOIX DU PLAN

Dans certains cas, un même sujet de composition peut s'écrire selon divers types de plans. L'élève a donc la possibilité de choisir le plan qui lui semble le plus approprié compte tenu de ce qu'il pense du sujet.

Le choix définitif du plan sera fonction de l'impression que l'on veut créer sur le lecteur. La disposition des éléments ou des idées de la composition doit se faire selon une logique qui deviendra le plan.

EXEMPLE DE CHOIX DE PLAN

SUJET: UN VOYAGE D'ETUDES A PARIS

Liste alphabétique des activités principales du voyage à Paris à utiliser dans la composition:

1 Boîtes de nuit
2 Champs-Élysées
3 Croisière sur la Seine
4 Eurodisney
5 Monuments: Notre-Dame de Paris, etc.
6 Palais de Versailles
7 Restaurants
8 Shopping
9 Tour de Paris en bus

L'arrangement des données sera présenté d'une manière totalement différente dans le développement, selon la décision de l'élève. Ainsi, il pourrait adopter un classement des activités du voyage selon plusieurs logiques comme les quatre suivantes:

PLAN SOMMAIRE

LOGIQUE CHRONOLOGIQUE PROGRESSIVE	LOGIQUE CLASSIFICATRICE PAR THEME	LOGIQUE EVOLUTIVE ASCENDANTE	LOGIQUE EVOLUTIVE DESCENDANTE
1 jeudi	1 culturel	1 peu intéressant	1 vaut le voyage
2 vendredi	2 exotique	2 assez intéressant	2 mérite le détour
3 samedi	3 récréatif	3 très intéressant	3 intéressant
4 dimanche		4 fantastique	4 sans intérêt

Une fois cette logique établie, il convient d'affiner celle-ci en ajoutant les détails les plus importants qu'il convient de regrouper selon des blocs qui correspondront aux différentes parties de la rédaction. Au moment de la rédaction finale, ces blocs deviendront en fait les paragraphes de la rédaction.

PLAN DETAILLE

PLAN CHRONOLOGIQUE PROGRESSIF	PLAN CLASSIFICATION PAR THEME	PLAN EVOLUTIF ASCENDANT	PLAN EVOLUTIF DESCENDANT
1 jeudi: arrivée, restaurant, boîte de nuit	**1 culturel:** Versailles, tour de Paris en bus, Notre Dame de Paris	**1 Peu intéressant:** Palais de Versailles	**1 Vaut le voyage:** shopping, boîtes de nuit, croisière sur la Seine
2 vendredi: matin: tour en bus, après-midi: Versailles, soir: Champs-Élysées, Boîte de nuit	**2 exotique:** Eurodisney, Croisière sur la Seine	**2 Assez intéressant:** Eurodisney, restaurants, boîtes de nuit	**2 Mérite le détour:** Versailles, Notre-Dame de Paris, Champs-Élysées
3 samedi: Eurodisney, Après-midi: shopping, Soir: croisière sur la Seine	**3 récréatif:** boîtes de nuit, restaurants, shopping	**3 Très intéressant:** Champs-Élysées, Notre-Dame de Paris, tour de Paris en bus	**3 Intéressant:** restaurants, tour de Paris en bus
4 dimanche: Notre-Dame de Paris, Retour		**4 Fantastique:** shopping, croisière sur la Seine	**4 Sans intérêt:** Eurodisney

Chacun de ces plans met l'accent sur un aspect du voyage qui en donne le **ton**. En effet, choisir un type de plan – lorsque cela est possible – , c'est laisser parler sa personnalité et donner à la composition une perspective spéciale qui débouche sur un ton spécifique.

Ton officiel du plan chronologique: si l'on veut mettre en évidence le parfait déroulement du voyage et la bonne organisation de celui-ci, le plan chronologique est certainement le plus approprié.

Ton professionnel du plan classification par thème: si l'on veut montrer que le voyage a été surtout d'ordre éducatif et culturel, ce plan correspond parfaitement à une telle approche. A l'intérieur du plan classification, la présentation des thèmes doit se faire normalement selon un ordre d'importance qui doit attribuer à chaque thème une valeur spécifique dans le classement. En partant du principe que **l'on va, en général, du moins au plus important**, placer le thème culturel en premier, c'est indiquer une préférence évidente pour les aspects folkloriques et surtout récréatifs de Paris.

Ton personnel du plan évolutif: si l'on fait le bilan du voyage, le plan progressif ascendant ou descendant se prête à une analyse qualitative du voyage. Dans un sujet comme celui-ci, qui demande de s'exprimer personnellement, on peut aussi accentuer le côté subjectif ou objectif du voyage. Le plan thématique, et encore plus les plans progressifs ascendant ou descendant permettent de découvrir le tempérament et les goûts de l'individu qui a décrit son voyage.

L'élève a donc le choix de décider selon quel point de vue il veut présenter le voyage à Paris. Il lui incombe de choisir le plan. Ainsi, le choix du plan de la composition est capital car il canalise la plume de l'élève dans une direction précise et enclenche tout un processus de pensées dépendantes les unes des autres.

Il est à noter que le sujet ci-dessus pourrait également être traité sur pratiquement n'importe quel autre type de plan (à l'exception du plan comparatif car il n'y pas de deuxième point de comparaison dans le sujet) comme celui du plan chronologique rétrospectif ou celui du plan rétro-progressif, ou encore celui du plan déductif, inductif ou dialectique.

A titre d'exemple, voici à quoi pourrait ressembler le plan d'un élève qui aimerait analyser le voyage à Paris sous l'aspect positif et sous l'aspect négatif (le pour et le contre du voyage):

Introduction: après avoir étudié le français pendant 4 ans, je pars avec ma classe en voyage d'étude en France pour visiter la capitale française.

A Le contre du voyage à Paris
I   la visite à Eurodisney qui n'est pas représentative de la culture française
II   les restaurants non-français qui n'apportent aucune perspective sur la gastronomie française

B Le pour du voyage à Paris
I   l'aspect culturel avec le tour des monuments célèbres
II   le côté artistique avec la visite des musées
III l'atmosphère typiquement française dans les rues, les boîtes de nuit

Conclusion: en dépit de quelques réserves mineures sur les activités non directement rattachées à la culture française, ce voyage a été un franc succès.

Il convient également de noter qu'il est assez fréquent qu'une même composition assemble deux plans simultanément. Ce phénomène de superposition de deux plans est très fréquent avec certains types de sujets. Ce genre de plans multiples superposés – qu'un lecteur averti trouvera dans plusieurs compositions de ce livre – sera présenté dans une section spéciale intitulée «compositions à plan complexe» qui se trouve vers la fin de l'ouvrage.

Choix de plan : Vevey

Voici une liste d'activités à faire dans la ville de Vevey. Regroupez-les en plusieurs thèmes pour en faire un plan clair et logique.

Statue de Charlie Chaplin
Hôtel des trois couronnes
Musée de l'Alimentarium
Visite de la vieille ville
Place du marché
Croisière en bateau pour visiter le château de Chillon
Musée historique
Visite de la compagnie Nestlé
Promenade sur les quais
Maison de Madame de Warens

LA COMPOSITION

TYPES DE PLAN

1. LA CHRONOLOGIE

Qu'est-ce qu'une chronologie?

C'est une succession d'événements dans le temps. Dans un récit, il s'agit d'établir la chronologie des faits.

PLAN CHRONOLOGIQUE

Le plan chronologique est utilisé pour **raconter** une histoire, un récit, toute narration qui suit le fil du temps.

Il peut suivre quatre voies:

A plan progressif:
C'est le plan le plus utilisé. On part de l'origine, du tout début et l'on progresse vers le futur en suivant l'ordre dans lequel les faits se sont produits.

B plan rétrospectif:
il est beaucoup plus rare. On suit ici le mouvement inverse du temps, on fait une rétrospection, c'est-à-dire une marche en arrière en présentant les faits inversement à l'ordre chronologique réel. Ce plan présente la progression des faits en suivant fidèlement le cours du temps inversé et les faits se situent les uns avant les autres dans l'ordre exact où ils se sont précédés. Ce plan qui s'utilise en réalité assez peu se justifie pleinement lorsqu'il s'agit de satisfaire à des critères techniques où la rigueur s'impose, par exemple dans une enquête policière où l'on cherche à remonter le fil du temps pour connaître l'emploi du temps d'un individu.

C plan rétro-progressif: un récit peut être découpé en tranches temporelles présentées rétrospectivement: par exemple le temps est découpé en jours présentés selon l'ordre: mercredi, mardi, lundi, dimanche, etc. La progression temporelle interne de ces journées, de certaines d'entre elles seulement ou même de parties précises de certaines d'entre elles, peut être rétrospective dans son intégralité mais elle peut aussi être progressive selon l'ordre qui va du matin au soir.
Une même composition rétro-progressive offre donc un grand choix de possibilités au niveau de la structure interne des paragraphes: certains peuvent être complètement progressifs à côté d'autres entièrement rétrospectifs dans un souci de variété stylistique.

D plan compte à rebours:
la progression chronologique se fait par rapport à un point dans le futur: tous les repères chronologiques sont situés par rapport au point final et donnent le laps de temps qui reste avant d'atteindre ce point dans le futur. C'est le compte à rebours.

> **Note:** Il est à noter ici la technique du **retour en arrière** ou «flashback». C'est une rétrospection partielle dans le passé qui prend place au milieu d'un récit progressif qui se situe dans le présent: l'action se décale soudain du présent dans le passé pour y relater un épisode et revient ensuite dans la continuité du présent. Cette parenthèse dans le passé est ce que l'on nomme le retour en arrière qui est une technique éprouvée de la narration fictive ainsi que de la filmographie. Elle peut intervenir avec le plus d'efficacité dans un plan progressif.

MODELES DE PLAN

A PLAN PROGRESSIF

UN VOYAGE D'ETUDES A PARIS 1   p. 24

Développement:

I	le 1er jour	vendredi	matin…	l'après-midi,…	le soir, …
II	le 2e jour	le lendemain,…	ce soir-là…		
III	le 3e jour	dimanche	matin,…	ensuite…	puis…

Explication: chacun des trois paragraphes du développement présente un des 3 jours du voyage dans l'ordre progressif: vendredi / samedi (le lendemain) / dimanche.

B PLAN RETROSPECTIF

TOUR D'EUROPE POUR TOURISTES AMERICAINS   P. 26

Développement:

I	Le dernier jour	Le dernier jour du voyage:	l'Italie
II	Le jour avant	la veille:	la Suisse
III	Le jour avant	l'avant-veille:	la France
IV	Les deux jours avant	les deux premiers jours:	l'Angleterre

Explication: les 4 pays visités sont présentés sur quatre paragraphes en commençant par le dernier pays visité et en finissant par le premier selon le déroulement du plan rétrospectif.

Chacun des paragraphes présente également une structure interne rétrospective qui va d'un point temporel précis vers le passé grâce à l'utilisation quasi-systématique du **plus-que-parfait.**

C PLAN RETRO-PROGRESSIF

UN VOYAGE D'ETUDES A PARIS 2   p. 27

Développement:

I	le 1er jour	dimanche,…	en fin de matinée,…	en début d'après-midi…
II	la veille	la veille au soir, …l'après-midi,…	en fin de matinée,…	le matin…
III	l'avant-veille	vendredi matin,… l'après-midi,…	le soir,…	

Explication: chacun des trois paragraphes du développement présente un des 3 jours du voyage dans l'ordre rétrospectif: dimanche / la veille (samedi) / vendredi.

Le paragraphe I choisit une présentation progressive évidente qui va du matin vers l'après-midi.
Le paragraphe II choisit clairement une présentation rétrospective qui va du soir au matin.
Le paragraphe III choisit une présentation progressive qui va du matin au soir.

Commentaire : ce type de plan permet de varier la présentation en alternant les aspects rétrospectif et progressif de la description chronologique.

D PLAN COMPTE A REBOURS

L'ANNEE DU BACCALAUREAT p. 28

Introduction: Jean a commencé à étudier son baccalauréat un an avant juin, le mois des examens

Développement:
I	**1er repère temporel**	**10 mois avant**	inventaire du contenu du programme
II	**2e repère temporel**	**8 mois avant**	mise sur pied d'une structure des fiches de résumé
III	**3e repère temporel**	**6 mois avant**	résumé des cours suivis depuis septembre
IV	**4e repère temporel**	**5 mois avant**	résumé des cours suivis depuis Noël
V	**5e repère temporel**	**3 mois avant**	révision des fiches de cours d'avant Noël
VI	**6e repère temporel**	**1 mois avant**	révision de toutes les fiches de résumé

Explication: chacun des six paragraphes du développement annonce un repère temporel par rapport à une date spécifique dans le futur.
Tous ces repères sont listés selon un ordre chronologique régressif du plus éloigné au moins éloigné par rapport à la date limite.
C'est la technique du compte à rebours qui apporte une certaine note dramatique.

PLAN CHRONOLOGIQUE PROGRESSIF

UN VOYAGE D'ÉTUDES A PARIS 1 *

La semaine dernière, je suis allé à Paris en voyage d'études avec mon école. Nous sommes partis en TGV de la gare de Lausanne le jeudi après-midi et nous sommes arrivés à la gare de Lyon vers 23 heures. Nous avons pris des taxis pour aller à l'hôtel qui était situé près de l'Opéra. Une fois nos bagages déposés dans nos chambres, nous sommes sortis pour manger un léger repas avant d'aller en boîte de nuit jusqu'à 3 heures du matin ! Le séjour commençait bien !

Vendredi, le lever a été difficile et le professeur a dû nous téléphoner deux fois pour nous faire activer. Le programme de cette journée comprenait un tour de ville en bus le matin. Nous avons donc vu tous les monuments importants de Paris de l'étage supérieur du bus: l'Arc de Triomphe, les Champs-Élysées, l'Obélisque, le Louvre, Notre-Dame de Paris, l'Hôtel de Ville, le Panthéon, le Quartier Latin, la Tour Eiffel et, à l'horizon, la Tour Montparnasse et le Sacré-Cœur. L'après-midi, nous avons visité le Palais de Versailles qui est gigantesque et magnifique. Le parc est particulièrement impressionnant et l'ensemble montre bien la splendeur de la France au 17e siècle. Le soir, nous sommes allés dans un restaurant français pour manger un repas délicieux accompagné de vin blanc d'Alsace et de vin rouge de Bordeaux. En fin de soirée, nous sommes repartis dans une boîte de nuit du Quartier Latin où nous avons rencontré des étudiants français. Auparavant, nous avions descendu les Champs-Élysées à pied de l'Arc de Triomphe à la Place de la Concorde.

Le lendemain, le réveil a été encore plus difficile que la veille. Il a pourtant fallu quitter l'hôtel à 8 heures 30 pour passer toute la journée à Eurodisney. J'aurais préféré rester au lit. Cependant, une fois dans le parc d'attractions, la magie de ce monde merveilleux m'a envoûté. De retour à Paris, nous avons fait les boutiques et les magasins. Ce soir-là, nous sommes allés dans un restaurant mexicain où régnait une atmosphère typique grâce notamment à un orchestre mexicain très dynamique. Ensuite, nous avons fait une croisière magnifique sur la Seine d'où nous avons découvert Paris de nuit.

Dimanche matin, nous avons pu dormir un peu plus tard que d'habitude. Ensuite, nous sommes allés à la cathédrale Notre-Dame de Paris pour assister à un service religieux avant de déjeuner dans un restaurant sympathique du Quartier Latin. Puis nous avons pris le chemin de la gare de Lyon pour rentrer en Suisse en début d'après-midi. Nous étions si fatigués que nous avons enfin pu dormir dans le train jusqu'à Lausanne !

Ce week-end a été l'un des plus beaux de ma vie et mon esprit est encore tout empli de mille impressions merveilleuses que je n'oublierai jamais. Maintenant, je n'aspire plus qu'à une chose: retourner à Paris le plus vite possible !

Code	mots ou expressions du plan chronologique

Analyse de texte voir corrigés p. 140
1. Quel est le temps utilisé pour parler du passé dans une chronologie progressive?
2. Pouvez-vous trouver un exemple de chronologie régressive? Quel temps est alors employé?
3. Quel mot indique l'antériorité dans le temps dans ce cas-là?
4. Mettez en évidence les mots du développement chronologique interne du paragraphe 2.
5. Mettez en évidence les mots du développement chronologique ou séquentiel interne du paragraphe 4.

PLAN CHRONOLOGIQUE PROGRESSIF

LES CONDITIONS DE LA REUSSITE 2

Au cours de la vie, tout le monde cherche avidement à monter dans l'échelle sociale et à «réussir». La réussite sociale qui procure des avantages certains est très souvent enviée ou jalousée mais elle n'est pas facile d'accès car elle s'accompagne de plusieurs conditions comme l'éducation, l'ambition, la patience et l'intelligence, ainsi que d'une certaine dose de chance.

Pendant la jeunesse, une bonne éducation apparaît comme un élément quasi indispensable à la réussite. Les premières années de l'éducation – écoles primaire et secondaire, sans oublier l'école maternelle dont les années précoces représentent, d'après les spécialistes, des années formatrices majeures – sont un élément essentiel dans la formation académique de chacun. Elles constituent le tremplin nécessaire pour faire de bonnes études avant d'entrer dans la vie professionnelle. Il apparaît donc que chacun est grandement conditionné par le système éducatif reçu et que plus le niveau d'éducation d'un individu est élevé, plus important risque d'être son rôle dans la société.

Au début de la vie active, il faut faire preuve d'un certain nombre de qualités parmi lesquelles l'ambition semble être la plus importante: sans ambition, personne ne peut aspirer à accomplir ses rêves pour gravir l'échelle sociale. Un grand nombre de personnes célèbres étaient, dès leur plus jeune âge, dévorées d'ambition. La vie de Napoléon qui, jusqu'à la bataille de Waterloo, semble avoir contrôlé sa vie et la destinée de l'Europe à travers son ambition sans limite, est, à cet égard, un exemple parlant. Mais ces mêmes personnes ont souvent dû attendre le moment opportun: elles ont dû faire montre de patience pour agir avec le maximum d'efficacité. L'ambition, si elle est bien utilisée, peut devenir un facteur positif, mais il faut beaucoup de sagesse pour savoir comment et quand en faire usage.

Si le fait de «réussir» dans la vie arrive en réalité à un nombre assez important d'individus, c'est une autre affaire de rester au sommet pendant la vie professionnelle et un grand nombre de trajectoires montrent à quelle vitesse il est possible de redescendre l'échelle sociale une fois le sommet atteint. Il est donc nécessaire d'appliquer une bonne dose d'intelligence avec un sens d'observation aigu et un haut niveau d'analyse pour ne pas sombrer. Parfois, certains bénéficient aussi de circonstances favorables, voire carrément d'une chance outrancière, quand les événements qu'ils ne peuvent pas contrôler se retournent soudain en leur faveur. C'est certainement le cas de Wellington qui allait être écrasé à Waterloo par la cavalerie française au moment précis où des troupes prussiennes sont survenues, contre toute attente, lui donner une victoire inespérée. Cependant, si cette chance n'est pas épaulée par une certaine intelligence, elle peut être vaine.

En conclusion, il semble logique de dire que, bien que personne ne puisse contrôler son destin entièrement, une personne qui bénéficierait des éléments ci-dessus aurait toutes les chances de devenir riche. Nous ne sommes pas tous équipés de la même manière pour affronter les défis de la vie mais chacun de nous est face à la perspective d'une inévitable lutte. Pour ma part, j'attends la fin de mes études avec impatience et le moment de me frotter au monde du travail.

Code   **thèmes**

Analyse de texte   voir corrigés p. 140

1   Mettez en évidence les expressions exprimant les notions de chronologique progressive.
2   Pouvez-vous justifier l'ordre de présentation des thèmes?

1. La chronologie

PLAN CHRONOLOGIQUE RETROSPECTIF

TOUR D'EUROPE POUR TOURISTES AMERICAINS *

Le tourisme de masse a permis à des hordes d'étrangers de sortir de leur pays qu'ils n'auraient sans doute jamais quitté sans cette forme facile de tourisme. Un grand nombre de groupes de touristes américains a ainsi visité l'Europe en voyage organisé pour faire le tour du vieux continent selon un circuit bien rodé.

Après avoir traversé les Alpes et leurs verdoyantes vallées, ces touristes sont arrivés à Rome, où ils ont passé le dernier jour de leur tournée européenne. Dans la Ville éternelle, ils ont découvert une multitude de chefs d'œuvres à voir, un art de vivre délicieux et un climat idéal, autant de choses qui ont vite fait de donner le goût du farniente à nos voyageurs. Cependant, après deux nuits dans la capitale italienne, nos touristes ont dû se diriger vers l'aéroport afin de rentrer au pays après un tour d'Europe étourdissant.

La veille, ils avaient visité la Suisse romande en longeant les bords du lac Léman de Genève à Montreux via Lausanne et Vevey. C'est ici la patrie des banques et des horloges. En Suisse, la vie est tranquille, les gens sont calmes, les paysages sont magnifiques, tout va son petit train-train helvétique: c'est un grand contraste avec Rome et son tourbillon. Nos touristes s'étaient laissé facilement couler dans cette délicieuse tranquillité légèrement ennuyeuse.

L'avant-veille, les Américains avaient pris le TGV de la Gare de Lyon à Paris: ils avaient vu défiler la Bourgogne et le Jura après être restés dans la Ville lumière le temps d'un week-end, juste assez pour entrevoir cette ville magique et orgueilleuse, objet de tous les désirs, de tous les phantasmes, de toutes les envies: Le tourbillon des lumières, la folle gaieté insouciante, la présence culturelle omniprésente, la langue si musicale mais si rapide, cause de toutes les craintes des étrangers. Ils avaient été écrasés par le caractère grandiose de la capitale française, séduits par son caractère particulier, éblouis par ses valeurs gauloises et par-dessus tout charmés par le «flair» français.

C'est d'Angleterre où ils avaient séjourné les deux premiers jours du voyage qu'ils avaient gagné la France par le tunnel sous la Manche. Car en Angleterre, à l'inverse du continent, il avait été facile de trouver des repères: ils avaient pu se mettre à l'heure européenne sans trop se dépayser. Certes les gens y parlent avec un accent très spécial, mais au moins ils parlent anglais et on peut les comprendre. De plus, les habitudes anglaises et la nourriture ont souvent des ressemblances frappantes avec la culture américaine. Grâce à tout cela, ils avaient pu se rassurer avant d'affronter le continent.

Voir ainsi l'Europe au pas de course, être ébloui par de prestigieux monuments l'espace de quelques minutes, repartir au grand trot vers une autre destination prestigieuse, cela, en dépit des limitations et des contraintes liées au tourisme de masse, semble satisfaire un grand nombre de touristes. Ainsi peut-on dire qu'on a vu l'Europe après y avoir passé tout au plus …une semaine !

| **Code** | **mots ou expressions du plan chronologique rétrospectif** |

Analyse du texte: voir corrigés p. 140
1 Identifiez les expressions de notion temporelle.
2 Quel temps est surtout utilisé dans les paragraphes 3, 4 et 5 du développement?
3 Pourquoi?
4 Au paragraphe 5 et dans la conclusion, pourquoi le présent simple est-il utilisé?
5 Quel est le ton de la dernière phrase de la conclusion?

PLAN CHRONOLOGIQUE RETRO-PROGRESSIF

UN VOYAGE D'ETUDES A PARIS 2 *

La semaine dernière, je suis allé à Paris en voyage d'études avec mon école. Nous sommes arrivés à la gare de Lyon vers 23 heures jeudi soir, après être partis en TGV de la gare de Lausanne en fin d'après-midi. Nous avons pris des taxis pour aller à l'hôtel situé près de l'Opéra. Une fois nos bagages déposés à l'hôtel, nous sommes sortis jusqu'à 3 heures du matin ! Avec un tel début, on pouvait se demander dans quel état nous terminerions notre séjour !

En effet, dimanche, le jour du retour, nous étions si épuisés après trois nuits de folie que les professeurs nous ont permis de dormir jusqu'à une heure plus avancée que les autres jours. Nous sommes ensuite allés à la cathédrale Notre-Dame de Paris en fin de matinée pour assister à un service religieux avant de déjeuner dans un restaurant du Quartier Latin. C'était très sympathique. Puis nous avons pris le chemin de la gare de Lyon pour rentrer en Suisse en début d'après-midi. Nous étions si fatigués que nous avons dormi dans le train jusqu'à Lausanne !

La veille au soir, nous étions allés dans un restaurant mexicain où un orchestre jouait de la musique folklorique. C'était très agréable ! L'après-midi, nous avions fait une croisière sur la Seine d'où nous avions découvert Paris. Quel spectacle magnifique ! En fin de matinée, nous étions partis à Eurodisney pour découvrir ce monde merveilleux. Le matin, nous nous étions levés assez tard et nous nous étions contentés de découvrir à pied et en petits groupes le quartier de l'hôtel pour y faire des achats et envoyer des cartes postales.

Le vendredi matin, le lever avait été difficile et le professeur avait dû nous téléphoner deux fois pour nous faire activer. Comme le programme de cette journée incluait un tour de ville en bus, nous avons vu tous les monuments importants de Paris de l'étage supérieur du bus: l'Arc de Triomphe, les Champs-Élysées, l'Obélisque, le Louvre, Notre-Dame de Paris, l'Hôtel de Ville, le Panthéon, le Quartier Latin et la Tour Eiffel. L'après-midi, nous avons visité le Palais de Versailles qui est gigantesque et magnifique. Le parc est particulièrement impressionnant et l'ensemble montre bien la splendeur de la France au 17e siècle. Le soir, nous sommes allés dans un restaurant français. Ensuite, nous avons descendu les Champs-Élysées à pied de l'Arc de Triomphe à la Place de la Concorde. Finalement, nous sommes repartis dans une boîte de nuit du Quartier Latin où nous avons rencontré des étudiants français. C'était absolument fabuleux !

Ce week-end a été l'un des plus beaux de ma vie. Mon esprit est encore tout empreint de tant de souvenirs magnifiques que je n'oublierai jamais. Maintenant, je ne vis plus qu'avec un seul espoir: retourner à Paris le plus vite possible !

Code   **mots de transition chronologique datée**

Analyse de texte   voir corrigés p. 140

1   Comment est le développement chronologique du texte d'un paragraphe à l'autre?
2   Quel paragraphe présente une chronologie interne rétrospective?
3   Quels paragraphes présentent une chronologie interne progressive?
4   Mettez en évidence les mots du développement chronologique interne du paragraphe 3.
5   Quel est le temps utilisé au paragraphe 3? Que marque-t-il?
6   Mettez en évidence les mots du développement chronologique interne du paragraphe 4.
7   Quel est le temps du passé utilisé à l'intérieur du paragraphe 4? Pourquoi?

PLAN CHRONOLOGIQUE COMPTE A REBOURS

L'ANNEE DU BACCALAUREAT *

L'année du baccalauréat est l'année de tous les dangers pour l'élève qui ne sait pas s'organiser. Jean le sait bien, lui qui a passé son baccalauréat en juin dernier. Il était si anxieux que près d'un an avant l'examen, il avait commencé à mettre en place une méthode de travail.

Dès le mois de septembre, soit 10 mois avant juin de l'année suivante, il a commencé à faire l'inventaire du contenu des différentes disciplines. Puis il a séparé les contenus entre matières écrites et orales et décidé de les étudier chacune d'une manière différente.

Pendant les vacances de la Toussaint, il a entrepris de préparer des fiches de résumé, une par chapitre de chaque livre du programme. Ainsi, dès novembre, il avait mis sur pied toute une structure pour récupérer la quintessence des cours et il arborait fièrement ses fiches de résumé vierges en disant que sans cela, il ne pourrait jamais être prêt.

Les vacances de Noël, quelque 6 mois avant le baccalauréat, alors que j'étais sur les pistes de ski, Jean les a passées à résumer les cours suivis depuis septembre. En partant du principe que ce qui avait été couvert avant Noël serait nécessairement le plus difficile à se rappeler car le plus éloigné des examens dans le temps, son système me paraissait très logique.

En février, il a passé ses vacances à résumer les cours suivis depuis Noël mais il a aussi commencé à prendre de l'avance par rapport aux cours en lisant et en résumant des chapitres non encore étudiés. Ainsi, disait-il, il évacuerait la pression des derniers mois.

Près de 3 mois avant le baccalauréat, vers la fin mars, Jean a passé les vacances de Pâques à réviser les fiches de résumé des cours faits avant Noël. Il a aussi continué son travail de résumé des cours d'avril et même de mai, mais il concentrait son effort sur la révision à outrance.

Dès la fin mai, à environ un mois des examens, Jean qui allait fidèlement aux cours a décidé de ne plus résumer les cours du dernier mois car, en se concentrant bien, il était possible de se rappeler en l'espace d'un mois l'essentiel du programme couvert alors. C'est ainsi que, dès qu'il sortait des cours, il se plongeait dans ses fiches de résumé. Il en avait des centaines couvertes de différentes couleurs et il semblait très serein.

Jean a réussi son baccalauréat brillamment. Il n'a même pas semblé avoir le trac, tout au moins un peu d'anxiété avant l'oral de mathématiques qui était son point faible. Mais j'ai vraiment été impressionné par sa méthode dont j'ai d'ailleurs pu profiter car, en tant que son meilleur ami, il m'a prêté toutes ses fiches ce qui fait que, même si mes notes n'ont pas été brillantes, j'ai quand même réussi à passer de justesse mon baccalauréat, grâce à Jean !

Code	expressions du plan compte à rebours

Analyse du texte:　　　　　　　　　　　　　　　　　　voir corrigés p. 141

1　　Le compte à rebours est commencé combien de temps avant l'échéance?
2　　Combien d'étapes y a-t-il?
3　　Quelles sont les expressions temporelles identifiant les étapes intermédiaires?

COMPOSITION A ANALYSER

LE PETIT PRINCE

Le Petit Prince est l'histoire fantastique d'un jeune garçon – le Petit Prince – qui, voyageant de planète en planète, s'arrête un beau jour sur la terre. Ce voyage est en fait initiatique et le Petit Prince va aller, au contact de ses rencontres pendant son périple, de découverte en découverte. Son séjour sur la terre sera particulièrement intéressant et le prélude à son retour définitif sur sa planète.

Les pérégrinations du Petit Prince amènent ce dernier sur la terre où on le découvre dans le désert du Sahara. C'est d'ailleurs là, au milieu de cette étendue stérile, qu'il rencontre le narrateur de l'histoire avec qui il a un rapport plutôt distant, mais cependant assez personnel pour pouvoir en être compris. Au cours de son voyage interplanétaire, il devient de plus en plus triste et déçu à mesure que sa connaissance du monde des adultes va s'agrandissant: sur les différentes planètes où il va passer, il rencontre d'étranges individus qui sont successivement le roi, le vaniteux, le buveur, le businessman, l'allumeur de réverbères, le géographe, puis, sur terre, l'aiguilleur et le marchand de pilules.

Tous ces êtres sont dépeints sous un côté absurde et ridicule qui fait apparaître le Petit Prince, par contraste, comme une sorte de grand rêveur intéressé par les roses et les couchers de soleil, un romantique impénitent et gentiment naïf, un poète hors du temps, un penseur imprévisible, enfin un extra-terrestre, pourrait-on presque penser.

Issu d'un autre monde, imbu de valeurs prônant l'amour et la beauté, auréolé de l'innocence et de la pureté de l'enfance, le petit prince cherche désespérément à se faire des amis dans un monde qui ignore ses valeurs et dans lequel il n'est pas à sa place. Cependant il fera des rencontres intéressantes: d'une part, le renard deviendra son ami durant son séjour sur terre; d'autre part, le serpent qui lui instillera son venin mortel – agissant d'ailleurs plus pour son bien qu'autre chose – ne lui inspire aucune crainte mais plutôt une certaine attirance. On remarque toutefois que ces rencontres-là ne sont pas avec des humains mais avec des animaux. Ceux-ci seraient-ils donc plus humains, plus sensibles que les hommes?

Le dénouement du livre voit le Petit Prince disparaître mystérieusement, subissant une mort libératrice qui, en lui faisant regagner la solitude de sa planète qu'il avait quittée dans l'espoir de trouver des mondes meilleurs que le sien, laissera en même temps derrière lui un mélancolique parfum d'espoir et un souffle d'optimisme irrésistible. Sur sa planète, il retombe dans sa vie antérieure faite de régularité et de simplicité, loin des hommes et de leurs complications.

Analyse du texte: voir corrigés p. 141

1. Quel type de plan chronologique est appliqué ici? Quels en sont les éléments constitutifs?
2. Au paragraphe 2, à quoi sait-on qu'il s'agit d'un récit?
3. Mettez en évidence l'expression antithétique sur laquelle est bâti le paragraphe 3.
4. Au paragraphe 4, quels sont les mots de transition interne?
5. Commentez la conclusion du paragraphe 4.
6. Dans la conclusion, relevez l'antériorité dans le temps.
7. Quels sont les mots (paragraphes 2 et 5) qui montrent qu'il s'agit du résumé d'un récit ?
8. Quelle vision peut-on tirer de ce résumé du *Petit Prince* sur la nature de l'homme?

COMPOSITION A ANALYSER

LA VIE DE NAPOLEON

La vie de Napoléon, depuis son enfance jusqu'à sa mort, est une suite d'événements aussi invraisemblables que merveilleux. Seul un destin exceptionnel pouvait terminer une carrière aussi surhumaine.

En effet, l'exil de Napoléon à Sainte-Hélène a fourni précisément un destin hors du commun au grand homme dont toute la vie peut être considérée comme une suite d'événements uniques. Mourir loin de tout, sur une île perdue au milieu de l'océan Atlantique, entourée d'une nature inhospitalière et prisonnier de l'Angleterre, l'ennemi héréditaire de la France, tout cela ne pouvait que grandir encore l'image de cet homme hors du commun.

Il avait fallu un concours de circonstances extraordinaires pour que finalement Napoléon morde la poussière à Waterloo. Si sa grande déception a été l'échec de son entreprise pour fonder une dynastie avec son fils, la plus grande réussite de cet enfant de la Révolution française est que, même si la Monarchie revient à Paris après Waterloo, ce n'est que pour une courte durée: les effets de la Révolution et de l'Empire sont déjà à l'oeuvre et vont complètement révolutionner le monde et façonner la société moderne.

Pendant près de 25 ans, cet homme avait fait face à des coalitions formidables: son seul génie militaire avait tenu en échec l'Europe entière liguée contre lui. Le Petit Caporal devenu par la suite général s'était hissé au plus haut rang imaginable par sa seule intelligence. Au sommet de l'Etat, il avait engagé des réformes qui devaient avoir des effets profonds et durables sur la France et sur l'Europe dans plusieurs domaines dont le social, le juridique et le politique.

Né en Corse d'une famille modeste, le jeune Napoléon s'était très vite fait remarquer par ses dons d'organisation hors pair: entraîné par le tourbillon de la Révolution, il avait gravi les échelons de la hiérarchie militaire pour devenir général à un très jeune âge. Il avait alors focalisé l'attention de toute l'Europe au rythme effréné de ses éclatantes victoires militaires.

Napoléon reste encore aujourd'hui l'objet d'un culte fervent en France et à l'étranger pour tous ceux qui, épris d'égalité, puisent dans le déroulement extraordinaire de cette carrière un symbole de réussite et de revanche sur la vie.

Analyse du texte: voir corrigés p. 141

1. Quel type de plan chronologique est appliqué ici?
2. Analysez la transition entre les 2 premiers paragraphes.
3. A quel moment de la vie de Napoléon commence le développement? Pourquoi?
4. Relevez les différentes étapes chronologiques de la biographie de Napoléon.
5. Quel temps est utilisé aux paragraphes 3, 4 et 5. Pourquoi?
6. Pourquoi ce temps n'est-il pas utilisé au paragraphe 2?
7. Donnez l'idée principale du texte.
8. Quel temps est utilisé dans la conclusion? Pourquoi?

COMPOSITION A ANALYSER

LA VIE DE MON GRAND-PERE

Mon grand-père a eu une vie bien différente de la mienne. Le fossé des générations entre nous deux fait que j'ai du mal à concevoir toute une vie comme la sienne. Lorsque je me rendais chez lui, j'étais transporté dans un monde qui m'était totalement inconnu et dans une routine surprenante par sa régularité. Autrefois, tout se faisait lentement et le rythme de vie de mon grand-père n'échappait pas à ce phénomène. Je me souviens de l'avoir toujours vu vivre seul et il menait, à son rythme, une existence très calme et très différente de la mienne.

Jamais il ne se levait tôt. Il aimait souvent faire la grasse matinée et restait toujours au lit jusqu'à 9 heures, quoi qu'il advienne. En fait, ses matinées étaient des moments sacrés et il fallait éviter de le déranger avant son lever du lit. Après un petit déjeuner tardif et frugal, il lisait tous les jours la page nécrologique du journal. Les autres nouvelles l'intéressaient peu et, contrairement aux personnes de son âge, il ne regardait que rarement la rubrique météorologique. C'est qu'il sortait peu. Parfois, il se risquait sur la petite terrasse attenante à sa cuisine où il venait s'asseoir sur un fauteuil de jardin. Mais il ne se sentait pas très à l'aise à l'extérieur car il portait toujours un chapeau sur la tête, quel que soit le temps, afin, disait-il, de protéger son crâne dégarni contre les intempéries.

L'après-midi, il faisait invariablement une petite sieste dans son fauteuil à bascule. Il ne dormait pas très longtemps. En fait, il somnolait et toujours avec la bouche légèrement ouverte, la tête rejetée en arrière et calée contre un petit coussin. Il devait faire des rêves somptueux car quand il se réveillait, ses yeux brillaient d'une intensité étonnante et son visage rayonnait.

Ses soirées étaient ponctuées par un rituel immuable. Il s'occupait à préparer son repas mais ne restait jamais bien longtemps dans la cuisine car il avait développé l'art de cuisiner rapidement une nourriture saine et simple. Après le repas, il s'asseyait dans sa chaise à bascule sur la véranda et passait des heures entières à écouter du jazz en fumant de longs cigares cubains.

Sa vie était-elle triste? Je ne saurais le dire avec certitude. Tous les dimanches, il quittait sa demeure pour aller à l'église où il assistait invariablement à la messe depuis toujours. C'était pour lui l'occasion de se montrer dans le village et de serrer quelques mains. Mais on sentait bien que sans l'obligation à laquelle il se soumettait de rendre visite à Dieu, il ne serait probablement jamais sorti de chez lui. Il semblait qu'un grand apaisement régnait sur tout son être. Il était toujours affable, toujours aimable, jamais grognon. Un modèle de grand-père en vérité ! Mais, aussi loin que je me souvienne, je ne l'ai connu qu'à un âge déjà avancé. Cependant il avait dû être différent pendant sa jeunesse ! Comment donc pouvait-il bien être alors?

Analyse du texte: voir corrigés p. 141

1. Quel type de plan chronologique est appliqué ici?
2. Mettez en évidence les mots du plan dans le texte.
3. Au paragraphe 2, à l'aide de quels mots est mise en évidence la notion de fréquence?
4. De quel temps du passé la notion de fréquence s'accommode-t-elle généralement?
5. Au paragraphe 2, analysez l'effet de la place du mot «jamais» en début de phrase.
6. Au paragraphe 2, selon quelle gradation les mots de fréquence sont-ils présentés?
7. Conclusion: repérez les adverbes de fréquence dans le paragraphe 5.

2. L'INVENTAIRE

Qu'est-ce qu'un inventaire?

C'est l'opération qui consiste à énumérer et à décrire tous les éléments constitutifs d'un ensemble donné. Cette opération doit être une revue minutieuse et détaillée.

PLAN INVENTAIRE

Le plan inventaire est utilisé pour **exposer** un ensemble complexe. Il convient de faire des dénombrements et de décomposer les grands ensembles en petites unités.

Il peut suivre quatre voies:

A plan numérique:
Ce plan est très simple à faire car il consiste à lister les différents sujets traités tout en les comptabilisant d'une manière chiffrée. C'est en réalité le plan le plus proche de l'inventaire réel qui doit dénombrer ce qu'il recense.

B plan classification:
Ce plan est légèrement plus complexe car il consiste à regrouper en thèmes, catégories ou centres d'intérêt et donc à classifier les objets étudiés. Une liste est établie dont chaque paragraphe du développement traitera un des éléments.

C plan évolutif ascendant:
C'est le plan le plus utilisé. On part de l'élément le plus insignifiant ou qui a la moindre importance et on va listant les éléments les uns après les autres en les plaçant selon l'ordre croissant d'importance. L'avantage de ce plan est de terminer la démonstration par l'aspect majeur de la série, ce qui laisse une forte impression au lecteur à la fin de sa lecture.

D plan évolutif descendant:
Il est beaucoup plus rare. On part de l'élément le plus important et on va en decrescendo vers le moins important. Ce plan n'est pas conseillé dans la mesure où la dernière impression produite est celle concernant l'aspect le moins important de la série. Le danger est que le lecteur ait de la difficulté à se remémorer les détails concernant le début de la série où étaient annoncées les choses majeures.

MODELES DE PLAN

A PLAN NUMERIQUE

LES BONS CÔTES DE MON ECOLE   page 37

Développement:
I	1er **point**	l'ambiance
II	2e **point**	les professeurs
III	3e **point**	les camarades
IV	4e **point**	la cafétéria

Explication: le plan numérique est très simple: il consiste à lister les points à étudier sous forme de numération. Ce plan est rigoureux et s'utilise surtout pour fournir des données formelles dans un contexte spécifique comme les domaines administratif ou technique.

B PLAN CLASSIFICATION
LES LIVRES DE MA BIBLIOTHEQUE   page 38

Développement:

I	catégorie 1	les livres pour enfants:	rangés dans un coin car je ne les ouvre plus
II	catégorie 2	les livres scolaires:	rangés sur des étagères tout en haut
III	catégorie 3	les romans policiers:	ils sont partout
IV	catégorie 4	les classiques:	je les lis peu mais je les respecte

Explication: la classification comprend ici quatre groupe de livres bien distincts. Chaque groupe de livres est traité dans un paragraphe différent. L'ordre de ces livres est établi non par un classement numérique mais par un **regroupement thématique** (par types de livres) doublé d'un **ordre chronologique** (les livres d'enfance, puis scolaires, ensuite les romans policiers que je lis actuellement et enfin les classiques pour plus tard).
On peut aussi lister ces 4 groupes selon plusieurs autres critères comme l'ordre croissant préférentiel (voir plan évolutif ascendant ci-dessous) ou encore selon le degré d'utilisation des livres au moment de la classification.

C PLAN EVOLUTIF ASCENDANT
UN VOYAGE D'ETUDES A PARIS 3   page 39

Développement

I	peu d'intérêt	peu intéressant:	Palais de Versailles
II	un peu plus d'intérêt	assez intéressant:	Eurodisney
III	un peu plus d'intérêt	très intéressant:	Monuments de Paris
IV	encore plus d'intérêt	fantastique:	atmosphère de Paris

Explication: L'évolution ascendante montre chaque étape sous un jour toujours plus positif que la précédente.
Ici, chacun des quatre paragraphes du développement présente les aspects de Paris vu par un étudiant qui s'intéresse surtout aux monuments et à l'atmosphère parisienne qui sont présentés en fin de la liste de progression ascendante. La présentation finit sur une note forte et persuasive.

Commentaire : plan idéal lorsqu'on a une liste de thèmes à présenter ; l'ordre de présentation des thèmes doit être clair et logique, car il est le fil conducteur de l'arrangement des idées.

D PLAN EVOLUTIF DESCENDANT
UN VOYAGE D'ETUDES A PARIS 4   page 41

Développement

I	très intéressant	vaut le voyage:	Notre-Dame de Paris et Versailles
II	toujours intéressant	mérite le détour:	les Champs-Élysées
III	moins intéressant	intéressant:	atmosphère
IV	pas intéressant	sans intérêt:	Eurodisney

Explication: chacun des trois premiers paragraphes du développement présente les aspects de Paris vu par un étudiant qui s'intéresse surtout aux aspects historiques et culturels typiquement parisiens. Malheureusement, l'ensemble de la démonstration est affaibli par le fait que ces aspects qui sont majeurs pour lui sont placés en début de démonstration et perdent donc de leur force lors de la conclusion du sujet.

Commentaire : plan déconseillé, sauf peut-être pour créer un effet dans les compositions très courtes.

PLAN NUMERIQUE

LES BONS COTES DE MON ECOLE *

Je connais parfaitement bien la vie de mon école où j'étudie depuis trois ans. Il y a plusieurs aspects de la vie de mon établissement qui me plaisent et notamment les quatre suivants: l'atmosphère qui y règne, les professeurs qui y enseignent, mes camarades de classe et même la cafétéria où je mange tous les midis.

<mark>Le premier aspect</mark> plaisant de mon école est l'ambiance sereine que l'on y trouve: les couloirs sont larges et bien éclairées, les classes ont de grandes baies vitrées, les murs ont des couleurs aux tons pastel et la sonnerie est une musique douce et agréable. De plus, on passe de la musique de fond dans les bâtiments durant les pauses. Il n'est donc pas surprenant que dans un tel environnement, l'atmosphère académique soit studieuse et que l'on se sente bien pour apprendre.

<mark>L'élément suivant</mark> est que les professeurs semblent se plaire dans un milieu aussi harmonieux. Ils sont décontractés et enseignent d'une manière alliant à la fois la démonstration déductive et l'approche inductive, donnant par là même à tous les étudiants l'occasion de se mettre en valeur. Ils ne sont pas sévères mais stricts et on peut discuter assez facilement de tout avec eux. Cela ne veut pas dire pour autant qu'ils soient laxistes ou subjectifs quand ils donnent des notes.

<mark>Le troisième point</mark> positif concerne les élèves de ma classe: il y autant de garçons que de filles, ce qui crée une bonne ambiance entre nous. Je n'ai jamais eu de problème sérieux avec quiconque jusqu'à maintenant. En outre, j'ai fait la connaissance de Paul, un élève de ma classe, qui est devenu mon meilleur ami.

<mark>Comme dernier élément</mark>, je veux mentionner le fait que nous bénéficions d'une cafétéria qui sort de l'ordinaire: non seulement nous avons un repas chaud tous les jours à midi, mais depuis quelque temps, il y a même un choix de menu car, à côté du menu traditionnel est proposé un menu végétarien qui devient de plus en plus populaire. Je me demande pourtant parfois si l'école n'a pas aussi un intérêt financier à proposer un menu végétarien. Mais après tout, qu'importe si c'est tout de même pour le bien des élèves.

Ainsi donc, ma vie a été bercée de doux moments pendant les trois dernières années. Maintenant que le moment du départ vers une autre école approche, je m'angoisse un peu et je me prends à penser que j'aimerais ne jamais quitter ce lieu quasi enchanteur.

Code   **Mots annonçant le plan numérique**

Analyse de texte   voir corrigés pp. 141-2

1   Montrez en quoi l'introduction annonce un plan clairement numérique.
2   Quels sont les points annoncés numériquement dans l'introduction et développés ensuite?
3   Montrez la variété introduite au niveau des mots annonçant le plan numérique.
4   Au paragraphe 2, nommez les thèmes qui créent une bonne atmosphère dans l'école.

2. L'inventaire

PLAN CLASSIFICATION

LES LIVRES DE MA BIBLIOTHEQUE *

Les livres de ma bibliothèque ne constituent pas une somme énorme d'ouvrages, mais je dois cependant avouer que j'accumule tout ce qui me tombe entre les mains. Aussi puis-je dire que je suis fier de ma petite collection qui est très variée car on y trouve, à côté de livres pour enfants (notamment des bandes dessinées), des livres scolaires, un grand nombre de romans et quelques classiques.

J'ai conservé des livres d'images de ma plus tendre enfance et j'imagine que je les donnerai un jour à mes enfants lorsqu'ils seront en bas âge, quoique certains ouvrages soient détériorés car ils sont passés dans mes mains à une époque où je ne montrais pas pour le livre le respect que j'ai acquis depuis. J'ai aussi beaucoup de séries complètes de bandes dessinées, notamment tous les Astérix, tous les Tintins et presque tous les Schtroumfs.

De l'école, j'ai surtout gardé les livres scolaires d'histoire et de français, les deux disciplines que j'ai toujours préférées. Du lycée, j'ai simplement conservé mes anthologies de littérature que je trouve magnifiques et qui évoqueront toujours pour moi de bons souvenirs tout au long de ma vie. Quel plaisir j'aurai, dans vingt ou trente ans de feuilleter certaines pages oubliées depuis !

Mais mon grand vice, car c'en est un, c'est la lecture de romans. Depuis très longtemps, je suis tombé dans ce travers de lire un roman policier par semaine. L'inspecteur Maigret, San Antonio, Bob Morane, Sherlock Holmes et combien d'autres n'ont presque plus de secrets pour moi. Pourtant, à mesure que je lis, mon goût évolue un peu et je commence à préférer le roman d'espionnage au roman policier pur et mon auteur favori, Jack Higgins m'a fait vivre avec ses chefs-d'œuvre comme *Confessionnal* des moments exceptionnels qui m'ont vraiment marqué.

Je ne finirai pas sans citer les classiques. Ce ne sont pas mes préférés mais je sais reconnaître un maître et j'ai donc constitué un petit fonds de valeurs sûres que peut-être avec l'âge, vu que mon goût semble évoluer, j'apprendrai à apprécier davantage. J'ai surtout gardé des livres de littérature française et notamment ceux de Molière, Beaumarchais, Baudelaire et Hugo.

Avec un tel stock de livres dans ma bibliothèque, je n'aurai jamais le temps de m'ennuyer et j'envisage la retraite comme le moment de ma vie où ma bibliothèque deviendra enfin le lieu de prédilection que j'ai toujours voulu avoir.

Code   **thèmes classés**

Analyse du texte   voir corrigés p. 142

1   Nommez les catégories de livres qui constituent des thèmes développés.
2   Au paragraphe 2, quel mot introduit la concession?
3   Au paragraphe 3, quelles sont les deux sous-catégories de livres présentées?
4   Au paragraphe 4, quels sont les deux sous-thèmes?
5   Montrez selon quel ordre les livres sont présentés.

PLAN EVOLUTIF ASCENDANT

UN VOYAGE D'ETUDES A PARIS 3 *

Le week-end dernier, je suis allé à Paris en voyage d'études avec mon école. Nous sommes partis le jeudi après-midi en TGV de Lausanne et nous sommes revenus le dimanche soir en Suisse. Mes impressions de la capitale française ont été très variées.

Pendant ce séjour, nous avons visité le Palais de Versailles construit par Louis XIV. L'histoire m'intéresse peu et je n'étais pas très enthousiaste pour cette visite car sans l'insistance de mon professeur, je ne crois pas que je serais allé visiter la demeure du Roi Soleil. Néanmoins, je reconnais, maintenant que j'ai vu Versailles, que la visite de ce palais gigantesque est un enrichissement personnel considérable. Le parc est particulièrement impressionnant et l'ensemble montre bien la puissance et la splendeur de la France au 17e siècle.

Nous avons passé une journée entière à Eurodisney qui est à l'extérieur de Paris. Ce parc d'attractions présente un monde merveilleux qui m'a assez plu. Cependant, à la fin de la visite, j'étais épuisé parce que la foule qui était nombreuse obligeait à de longues attentes. D'autre part, je dois sincèrement avouer que je ne comprends toujours pas pourquoi le professeur de français qui est supposé nous faire découvrir la culture française nous a emmenés dans cet antre de la «culture» américaine !

A Paris même, j'ai beaucoup aimé les monuments que nous avons découverts en faisant le tour de ville en bus. Ainsi nous avons vu l'Arc de Triomphe, les Champs-Élysées, l'Obélisque, le Louvre, Notre-Dame de Paris, l'Hôtel de Ville, le Panthéon, le Quartier Latin, la Tour Eiffel et, à l'horizon, la Tour Montparnasse et le Sacré Coeur. C'était vraiment magnifique et personne ne peut rester indifférent à tant de merveilles !

L'atmosphère typiquement parisienne qui règne partout et confère à la ville son charme et sa joie de vivre est ce que j'ai adoré par-dessus tout. Les magasins sont magnifiques et nous avons fait beaucoup d'achats. Du point de vue culinaire, nous avons mangé divinement bien, tant dans des restaurants français qu'étrangers. Quant à la vie nocturne, Paris est un enchantement et nous avons vu la Ville lumière parée de tous ses atours. Nous avons fini les nuits invariablement dans des boîtes de nuit du Quartier Latin où nous avons rencontré des étudiants français. Le clou du voyage a été une croisière nocturne sur la Seine avec dîner aux chandelles: c'était magnifique !

Ce week-end a été un des plus beaux de ma vie et jamais je ne l'oublierai ! Je suis maintenant complètement sous le charme de la Ville lumière: j'aimerais aller vivre à Paris. Autant que je me souvienne, je n'ai, à ce jour, jamais visité d'autre ville à laquelle je pourrais préférer Paris.

Code	Expressions montrant l'évolution progressive

Analyse du texte voir corrigés p. 142

1   Quels sont les thèmes traités dans le développement?
2   Au paragraphe 2, quelle est l'opinion de l'étudiant sur Versailles?
3   Au paragraphe 3, donnez 2 raisons qui font que l'opinion sur Eurodisney est négative.
4   Au paragraphe 5, nommez les 4 sous-thèmes.
5   Donnez une périphrase pour Louis XIV. et une autre pour Paris dans le texte.
6   Quel procédé est utilisé pour élargir la conclusion?

2. L'inventaire

PLAN EVOLUTIF ASCENDANT

LES ASPECTS DE MON ECOLE QUE JE DETESTE

Toute école a de bons et de mauvais côtés et la mienne n'est pas une exception à cette règle. En fait, il y a trois aspects de mon école qui font que je ne m'y plais pas autant que je le voudrais: il s'agit de la nourriture, de la classe de mathématiques et de l'internat.

Personne ne va dans une école avec l'espoir d'y trouver une excellente nourriture et d'y faire de bons repas. Si j'aime bien le petit déjeuner dans mon école car le lait, le pain et la confiture sont à volonté, le déjeuner et le dîner laissent vraiment beaucoup à désirer. Il y a là un effort important à réaliser pour améliorer le menu quotidien et pour proposer aussi un plat chaud à chaque repas – ce qui n'est pas systématiquement le cas – ainsi que pour avoir un minimum de propreté. Je n'aime pas me plaindre et ne suis pas de ceux qui s'attendent à trouver à l'école une nourriture aussi bonne que celle de la maison, mais il y a tout de même certaines normes à respecter, ce qui, en ce qui concerne mon école, n'est pas toujours la règle. Ce qui me fait dire que la nourriture de l'école est certainement un point négatif qui a un urgent besoin d'être revu.

Ce que j'attends de l'école par-dessus tout est d'apprendre, et pour cela d'avoir des enseignants compétents et exigeants. Or, j'ai des raisons de me plaindre du professeur de mathématiques: quoiqu'il soit gentil, je trouve son enseignement déroutant. J'attribue cela en grande partie à la matière enseignée qui est complexe. Mais je dois avouer que le professeur me semble aussi être en cause car ses explications manquent de clarté, pour ne pas dire que ce qu'il dit est parfois totalement inintelligible. Il faut préciser qu'il est extrêmement jeune et je me demande dans quelle mesure nous sommes des cobayes vu que nous sommes sa toute première classe !

Le dernier aspect que je déteste le plus, c'est l'internat. Car je suis interne ! Cela peut paraître un peu désuet de nos jours, mais il y a encore des internats ! Certes j'apprécie de loger sur place et de n'avoir pas de temps à perdre en transport. Mais quand même, ne serait-il pas temps de donner aux internes la même liberté qu'ils ont chez eux? Pourquoi ce règlement débile qui nous traite comme de jeunes enfants alors que nous jouissons d'une bien plus grande liberté chez nous? Il faudrait que l'internat évolue et commence à traiter les élèves en fonction de leur âge et non en fonction d'un règlement obsolète. Il y aurait moins de problèmes s'il y avait moins d'interdits.

Outre ces trois aspects négatifs de mon école, il en est d'autres comme le système de punitions ou encore le règlement concernant les sorties le mercredi après-midi qui auraient aussi besoin d'un grand coup de neuf. Mais je peux m'accommoder assez bien de tout cela. Je voudrais conclure en précisant que ce n'est pas parce que j'ai expliqué les choses que je déteste dans mon école que je déteste l'école pour autant, loin de là ! En fait, en dépit de ces trois domaines qui ont besoin d'être améliorés, je peux dire que je suis très heureux dans mon école.

Code	thèmes

Analyse du texte: voir corrigés p. 142

1. Mettez en évidence une preuve de l'évolution progressive du plan.
2. Montrez que le texte est en ascendance négative.
3. Au paragraphe 3, mettez en évidence la concession.
4. Au paragraphe 3, mettez en évidence la prétérition.
5. Au paragraphe 4, nommez les avantages de l'internat.

PLAN EVOLUTIF DESCENDANT

UN VOYAGE D'ETUDES A PARIS 4 *

Le week-end dernier, je suis allé à Paris en voyage d'études avec mon école. Nous sommes partis le jeudi après-midi en TGV de Lausanne et nous sommes revenus le dimanche soir en Suisse. Mes impressions de la capitale française ont été très variées.

Les distractions ne manquent pas à Paris: les boutiques regorgent de produits de luxe raffinés et c'est un véritable plaisir de faire des achats tant est immense le choix des boutiques et varié celui des produits. Paris by night est ce qui marque le plus dans cette métropole et la variété des distractions nocturnes que la ville offre est immense: Champs-Élysées illuminés que nous avons descendus à pied, boîtes de nuit du Quartier Latin où nous avons rencontré des étudiants français, bistrots et cabarets de toutes sortes, spectacles variés et inattendus dans les rues, etc. A Paris, tout est émerveillement. Vraiment, Paris vaut bien le voyage.

A Paris, nous avons fait notre plein de culture française qui, à elle seule, mérite le détour: elle déborde partout dans cette ville qui regorge de monuments célèbres et de richesses artistiques. Ainsi, nous avons visité le Château de Versailles à la périphérie de Paris: le parc et le palais sont gigantesques et l'ensemble montre bien la splendeur de la France au 17e siècle. Ensuite, nous avons fait un tour de ville en bus et nous avons pu voir l'Arc de Triomphe, les Champs-Élysées, l'Obélisque, le Louvre, Notre-Dame de Paris, l'Hôtel de Ville, le Panthéon, le Quartier Latin, la Tour Eiffel et, à l'horizon, la Tour Montparnasse et le Sacré-Coeur. C'était comme une orgie visuelle et une féerie de fantaisie où l'histoire le disputait au merveilleux. Enfin, le dimanche, nous avons visité Notre-Dame de Paris: c'était très émouvant !

Paris est la capitale de la gastronomie française: nous avons goûté à plusieurs cuisines provinciales comme la cuisine alsacienne ou encore provençale par des repas aussi plantureux que délicieux arrosés de vins français excellents. Il faut cependant signaler qu'il y a aussi un choix considérable de restaurants étrangers et nous ne nous sommes pas privés, à l'occasion, de faire un repas exotique. L'aspect culinaire de Paris est donc certainement intéressant, en tout cas pour ceux qui aiment les plaisirs de la table.

Par contre, je n'ai pas du tout apprécié la visite à Eurodisney. Aller à Paris pour visiter un parc d'attractions américain ne me semble pas faire partie d'un voyage d'études de culture francophone. Aussi, j'aurais très bien pu faire l'impasse sur cette activité qui nous a pris toute une journée au milieu d'une foule compacte pour ne vivre finalement que dans un monde virtuel et totalement artificiel. Non, cela ne m'a pas du tout impressionné.

Et pourtant, bien que l'épisode d'Eurodisney n'ait pas été de mon goût, ce week-end a été un des plus beaux de ma vie ! Maintenant, je ne rêve que d'une seule chose: emménager dans la capitale française et me lancer à fond dans l'étude de la culture française !

Code	Mots du plan évolutif descendant

Analyse du texte   voir corrigés p. 142

1 Mettez en évidence les expressions montrant l'évolution progressive descendante.
2 Quels sont les thèmes traités dans le développement?
3 Au par. 3, mettez en évidence les verbes et adjectifs dénotant une notion de démesure.
4 Dans la conclusion, mettez en évidence la concession.

COMPOSITION A ANALYSER

UN VOYAGE D'ETUDES A PARIS 5

Le week-end dernier, je suis allé à Paris en voyage d'études avec mon école. Nous sommes partis le jeudi après-midi en TGV de Lausanne et sommes revenus le dimanche soir en Suisse.

A Paris, nous avons fait notre plein de culture française. Celle-ci déborde partout dans cette ville qui regorge de monuments impressionnants et de richesses artistiques. Ainsi, nous avons visité le Château de Versailles: le parc et le palais sont très impressionnants et l'ensemble montre bien la puissance de la France au 17e siècle. Ensuite, grâce à un tour de ville en bus, nous avons vu les monuments principaux de Paris, à savoir: l'Arc de Triomphe, les Champs-Élysées, l'Obélisque, le Louvre, Notre-Dame de Paris, l'Hôtel de Ville, le Panthéon, le Quartier Latin, la Tour Eiffel et, à l'horizon, la Tour Montparnasse et le Sacré-Coeur. C'était comme une orgie visuelle et une féerie de fantaisie où l'histoire le disputait au merveilleux. Enfin, le dernier jour, nous avons assisté à un service religieux dans Notre-Dame de Paris: c'était très émouvant !

Quand on pense à Paris, il ne faut pas en oublier le côté ludique, cet aspect de la Ville lumière qui fait tant rêver ! C'est en premier lieu le monde magique d'Eurodisney où nous avons passé une journée entière pendant laquelle nous avons mélangé réalité et fiction et qui nous a complètement envoûtés. En second lieu, c'est la croisière nocturne sur la Seine à bord d'un de ces innombrables bateaux-mouches qui sillonnent la rivière: là, au cours d'un repas aux chandelles nous avons vu Paris défiler le long des berges, un paysage à la fois poignant et grandiose. En dernier lieu, nous n'avons pas pu nous soustraire au monde mythique des cabarets parisiens et de Pigalle, le quartier rouge de Paris où nous sommes allés pour assister à un spectacle du légendaire Moulin-Rouge et de son «French cancan» !

Enfin, l'aspect distractif de Paris est celui qui rend la capitale française unique et inimitable: les divertissements ne manquent pas et nous nous sommes livrés à une multitude d'activités agréables auxquelles le touriste ne peut pas échapper dans la capitale de la France: tout d'abord la frénésie des achats dans les boutiques qui regorgent de produits de luxe raffinés. A Paris, le nombre des magasins est immense et le choix des produits très varié. Ensuite, Paris est la capitale de la gastronomie française: nous avons fait plusieurs repas aussi plantureux que délicieux arrosés de vins français excellents. Il faut cependant signaler qu'il y a aussi un choix considérable de restaurants étrangers et nous ne nous sommes pas privés, à l'occasion, de faire un repas exotique. Finalement, ce qui marque le plus à Paris est la variété des distractions nocturnes: Champs-Élysées illuminés que nous avons descendus à pied, boîtes de nuit du Quartier Latin où nous avons rencontré des étudiants français, bistrots et cabarets de toutes sortes, spectacles variés et inattendus dans les rues, etc. A Paris, tout est un émerveillement continu !

Ce week-end a été l'un des plus beaux de ma vie et jamais je ne l'oublierai ! Maintenant, je ne rêve que d'une seule chose: emménager dans la capitale française dès que possible et me lancer à fond dans l'étude de la culture française !

Analyse du texte   voir corrigés pp. 142-43

1. Quel type de plan inventaire est appliqué ici? Pourquoi?
2. Quels sont les thèmes traités dans le développement?
3. Quel paragraphe présente un plan numérique? Mettez-le en évidence.
4. Au paragraphe 2, quels sont les 3 aspects culturels? Selon quelle progression sont-ils présentés?
5. Au paragraphe 4, quels divertissements de Paris sont présentés? Selon quelle progression?

COMPOSITION A ANALYSER

LES DIFFERENTES PHILOSOPHIES DE LA VIE

Tout le monde a une attitude philosophique devant la vie, même si l'on n'en est pas conscient, car vivre, c'est déjà philosopher. Le fait même de rejeter tout système philosophique est en soi une attitude philosophique. Il n'est pas toujours facile de choisir un système philosophique spécifique devant le grand choix auquel on est confronté.

Il y a certaines personnes qui adoptent une attitude stoïque: serrer les dents et ne jamais se laisser abattre devant l'adversité. L'endurance devant la douleur physique ou morale est ce qui sous-tend ces gens-là qui ont pour devise ce que les yeux du loup de Vigny montraient: «meurs sans parler».

D'autres jettent sur le monde un regard cynique et se croient au-dessus des contingences terrestres. Pour eux, tout est un tissu d'absurdités et devant ce chaos incompréhensible, il n'y a que l'attitude à la fois détachée et insolente qui semble être la plus appropriée.

Mais d'autres ont choisi une voie différente devant le mystère de la vie: ils pensent que tout est joué d'avance et que leurs actions ne changeront rien à ce qui est prédestiné. Aussi, comme Jacques le fataliste, ils croient que tout était écrit et que, quoi que l'on fasse, on ne fait qu'accomplir son destin.

D'autres encore se jettent dans le matérialisme à corps perdu. La société de consommation favorise grandement cette solution où l'argent devient le centre de tout et le rendement la condition nécessaire pour vouloir toujours plus, acheter toujours plus, posséder toujours plus, sans aucune limite à cette frénésie de désir de possession.

Il y a aussi tous ceux (et il semble qu'ils soient de plus en plus nombreux) qui évacuent tous les problèmes en se plongeant dans l'épicurisme: la seule recherche du plaisir et sa satisfaction – immédiate si possible – demeurent le but unique à atteindre sur cette terre. Il est assez facile de concilier cette attitude philosophique avec le matérialisme.

Certains autres se lancent dans la quête idéologique et essaient de trouver un sens à leur vie dans la contemplation spirituelle ou l'action politique. Mystiques, croyants, prosélytes, militants, tous avancent dans la voie qui leur montre la solution et tous ne croient plus que par ce seul chemin. Il ressort de tout cela que vivre selon un seul système philosophique peut sembler très restrictif: en réalité, beaucoup de gens adoptent soit un mélange de certaines de ces philosophies, soit une distanciation d'avec tous ces systèmes en voulant n'en adopter aucun, et ce faisant, en épousant un tout nouveau, soit tout simplement en vivant ou en survivant sans se poser de question ardue et par là même peut-être adoptant la philosophie la plus sage: laisser-faire.

Analyse de texte: voir corrigés p. 143

1   Quel type de plan inventaire est appliqué ici?
2   Combien de différentes philosophies sont présentées en détail ici? Lesquelles?
3   Selon quel ordre les différentes philosophies sont-elles classées?
4   Identifiez 2 philosophies qui vont souvent de pair.
5   Quelle est la philosophie qui est en constante progression?

COMPOSITION A ANALYSER

LES DIFFERENTS TYPES DE PROFESSEURS

Au cours de la scolarité, on entre en contact avec un grand nombre de professeurs. Il est donc possible, en observant les attitudes et méthodes de ces enseignants, de se faire une idée de ce qui différencie un bon professeur d'un mauvais. Mes observations personnelles accumulées au cours de mes études sur ce sujet précis m'ont amené à distinguer plusieurs types de professeurs.

Les professeurs laxistes qui laissent tout passer aux étudiants sont plus nombreux qu'on ne saurait imaginer. Cependant, s'ils sont ainsi, ce n'est pas toujours par choix mais par capitulation devant un adversaire plus fort qu'eux: la société moderne qui ne respecte plus rien a aussi fait le ménage dans la salle de classe et a déboulonné l'autorité de l'enseignant. Les petits monstres, habitués à régner en maîtres chez eux, agissent de même en classe et font des ravages dans les rangs des enseignants dont certains abdiquent vite et par là même se précipitent au-devant d'autres maux encore plus difficiles à contrôler comme la crise de nerfs et la dépression.

A côté du laxiste impénitent, il y a le professeur copain, celui qui cherche à se faire apprécier en tendant une oreille attentive aux doléances de ses élèves. Il est à la fois, outre le professeur, le grand frère ou la grande sœur, le conseiller, le confesseur, le psychologue voire le psychiatre ou même le confident intime quand il ne finit pas être carrément le petit ou la petite ami(e). La victime de ce télescopage incroyable des fonctions est le programme scolaire qui fait les frais de la multiplication d'activités annexes au seul rôle important : celui d'enseigner.

Le professeur souffre-douleur parce que distrait, petit de taille, myope ou présentant tout autre handicap que les élèves ont l'art de repérer très vite est un personnage qui avale beaucoup de couleuvres et qui cherche auprès de ses collègues un confort moral dont il a grandement besoin. Chaque cours lui est une épreuve et il fonctionne souvent à coups d'excitants pour surmonter l'angoisse qui le tenaille lorsqu'il doit franchir le seuil de la salle de classe.

Un autre type est le professeur consciencieux. Celui-ci est proche du professeur idéal lorsqu'il arrive à se faire écouter et respecter de ses étudiants, ce qui reste le grand défi de l'enseignant et du pédagogue. Son objectif majeur est d'intéresser sa classe à ce qu'il enseigne et pour cela il ne ménage ni son temps, ni son effort, allant même, à l'occasion, jusqu'à sacrifier de son temps libre pour peaufiner voire individualiser son enseignement.

Enfin il y a le professeur strict qui, d'une manière générale, est quelqu'un qui veut asseoir son autorité sur ses classes, parfois au risque de passer pour un petit tyran aux yeux de ses élèves. Il considère que l'enseignement ne se conçoit pas sans une certaine dose d'autorité et il s'évertue à concilier ces deux éléments dans le but de pouvoir toujours être plus efficace car il ne perd jamais de vue le but de sa vocation: communiquer son savoir aux étudiants.

À partir de ces divers types de professeurs, heureux l'étudiant qui peut profiter de l'enseignement d'un professeur à la fois consciencieux et strict. En effet, c'est bien lui qui transmet le mieux le savoir et assume à fond le rôle pour lequel il est payé: enseigner. Les professeurs dont j'ai le meilleur souvenir sont d'ailleurs ceux qui m'ont légué une part de leur savoir dont je me souviens encore.

Analyse du texte voir corrigés p. 143

1. Quel type de plan inventaire est appliqué ici?
2. Combien de différents types de professeurs sont présentés ici? Lesquels ?
3. Selon quel ordre les professeurs sont-ils présentés?
4. Quelle est l'expression qui annonce la conclusion?

3. L'INFERENCE

Qu'est-ce qu'une inférence?

Une inférence est l'opération logique par laquelle on admet une proposition en vertu de sa liaison avec d'autres propositions déjà tenues pour vraies. La déduction et l'induction **sont les deux types d'inférence qui seront étudiés ici.**

Le plan par inférence est utilisé pour **démontrer** une idée en apportant une série d'éléments qui en prouveront la validité.

I LA DEDUCTION

PENSÉE DEDUCTIVE
Jean est triste (A) parce qu'il a des problèmes (B).
Conséquence   cause

Le mot **parce que** annonce la cause, la raison, l'explication, la source, le pourquoi du fait que Jean est triste: **parce qu'il a des problèmes**.
L'autre partie de la phrase: **Jean est triste** est la conséquence, l'effet, le résultat de cette cause.

PLAN DEDUCTIF

La déduction est la forme de raisonnement la plus utilisée en écriture, car c'est également notre forme la plus utilisée de penser.
 Dans un plan déductif, on procède d'une généralisation vers une particularité, d'une conséquence vers une cause, d'une idée vers un exemple, d'une règle vers un exemple.
 Il y a donc comme un effet de **déroulement** du texte: à partir de la généralisation, on développe et on déploie (= on déroule) les différents détails prouvant cette généralisation.

Le modèle général du plan déductif est: **telle conséquence (A) parce que telle cause (B)**

Note: la logique déductive peut être adoptée au niveau de la structure d'une simple phrase, de tout un paragraphe ou de la structure d'une composition dans son ensemble comme dans le plan ci-dessous.

PLAN DEDUCTIF I : conséquence(s) – cause(s)

L'HISTOIRE DE MA VIE RECENTE 1   page 51

Introduction:	conséquence	ma vie récente a été triste.
Développement:		
I	1e cause	il y a deux ans, je me suis cassé la jambe
II	2e cause	puis, ma petite amie m'a quitté
III	3e cause	enfin, l'été dernier, j'ai perdu mon emploi
Conclusion:	nouvelle conséquence	j'ai une nouvelle philosophie: laisser-faire.

Explication: la structure de l'essai est clairement déductive:
L'introduction exprime la **conséquence** d'événements malheureux (ma vie est triste).
Les trois **causes** sont expliquées (= déroulées) dans les trois paragraphes du **développement**.
La **conclusion** dépasse le niveau de la conséquence immédiate annoncée dans l'introduction (la tristesse) et offre une perspective nouvelle qui est idéalement un résultat de la première conséquence.

PLAN DEDUCTIF II : problème – cause(s) – solution(s)

LES CAUSES DE LA POLLUTION page 53

Introduction: **problème** aujourd'hui, la pollution est un grave problème pour l'humanité.

Développement:
I les plages: **1ᵉ cause** les plages sont polluées par les égouts des villes
                   conséquence malgré des progrès, les efforts d'épuration sont insuffisants
II l'eau: **2ᵉ cause** les rivières recueillent rejets domestiques, nitrates et ammonium
                   conséquence la qualité de l'eau laisse à désirer
III l'air: **3ᵉ cause** pollution de l'air par dioxydes (soufre/plomb) et hydrocarbures
                   conséquence l'air est empoisonné et il attaque les poumons et les monuments

Conclusion: **solution** pour limiter la pollution, il faut faire payer les pollueurs.

Explication: ce type de plan pose clairement un problème à résoudre :
On **introduit** le problème en présentant ses conséquences diverses.
Ensuite, on **développe** les différentes causes du problème étudié ainsi que les conséquences spécifiques à chaque cause.
Enfin, on **conclue** en proposant une solution au problème posé.

Avantages : ce type de plan est extrêmement clair et couvre complètement les aspects liés à l'étude d'un problème, de ses causes à ses conséquences, et jusqu'à proposer une solution.

II L'INDUCTION

PENSEE INDUCTIVE

Jean a des problèmes (A), donc il est triste (B).
cause   conséquence

Le mot **donc** annonce l'effet, le résultat, la conséquence du fait que Jean a des problèmes: **il est triste**.

L'autre partie de la phrase: **Jean a des problèmes** est la raison, la cause, le pourquoi de cette conséquence.

PLAN INDUCTIF

Le plan inductif est relativement peu utilisé en écriture.

Dans un plan inductif, on part de l'observation des causes (A) pour en tirer la ou les conséquence(s) (B) qui prendront la forme d'une généralisation ou d'une règle. Il y a une évolution du texte, un **enroulement** des différents détails développés avant la généralisation qui arrive à la fin.

Le modèle général du plan inductif est: **telle cause (A), donc telle conséquence (B)**

Note: la logique inductive peut être adoptée au niveau de la structure d'une simple phrase, de tout un paragraphe ainsi que de la structure d'une composition entière, comme dans le plan ci-dessous.

Un simple paragraphe peut adopter une présentation inductive, même si les paragraphes qui le précédent et le suivent sont construits selon une logique déductive.

PLAN INDUCTIF: cause(s) – conséquence(s)

L'HISTOIRE DE MA VIE RECENTE 2   page 54

Introduction:	généralité	récemment, ma vie a été remplie de faits significatifs
Développement:		
I	1ᵉ cause	il y a deux ans, je me suis cassé la jambe
II	2ᵉ cause	puis, ma petite amie m'a quitté
III	3ᵉ cause	enfin, l'été dernier, j'ai perdu mon emploi
Conclusion:	conséquence	aujourd'hui, je suis triste et déprimé

Explication: la structure de l'essai est clairement inductive:

L'**introduction** est générale et oriente le lecteur vers le thème qui reste vague (**événements significatifs de ma vie**) car l'idée précise ne sera dévoilée que dans la conclusion.

Le **développement** donne les 3 événements significatifs de ma vie qui sont tous négatifs et qui viennent **s'enrouler** autour de la généralisation de la conclusion.

La **conclusion** annonce la conséquence de ces événements négatifs: **je suis triste.**

Commentaire : ce type de plan est difficile à écrire et reste assez rare.

Comparaison entre le plan déductif et le plan inductif :

Ce que dit le plan déductif dans l'introduction doit n'être révélé que dans la conclusion d'un plan inductif. Toute la difficulté de ce dernier est de ne pas trop en dire dans l'introduction afin de laisser régner le suspense et arriver à une révélation progressive de l'idée majeure dans la conclusion.

La caractéristique du plan inductif est donc de ménager l'intérêt, la surprise, ce que ne privilégie pas le plan déductif qui s'attache davantage à la rigueur de la démonstration.

3. L'inférence

III L'INDUCTION-DEDUCTION

PLAN CONVENTIONNEL

Le plan conventionnel a pour objectif de persuader, de convaincre, d'amener le lecteur à épouser

l'idée développée dans la composition et donc de l'amener à adhérer à la thèse de l'écrivain.

Le plan conventionnel est un plan qui combine dans une même composition les plans déductif et inductif: en effet, dès l'introduction, on annonce l'idée principale ainsi que les points principaux qui seront développés dans les différents paragraphes. On conclut en répétant les points principaux d'une manière succincte et en revenant sur l'idée principale déjà annoncée dans l'introduction.
Le plan conventionnel s'emploie principalement pour des écrits plutôt longs: il veut persuader par la justesse de ses arguments ainsi que par l'imprégnation des idées sous forme de répétition.

L'HISTOIRE DE MA VIE RECENTE 3   page 56

Introduction: **conséquence + causes**
                        ma vie récente a été triste à cause de trois événements malheureux: un accident, un drame sentimental et un licenciement professionnel.

Développement:
I   **1e cause**   il y a deux ans, je me suis cassé la jambe
II   **2e cause**   puis, ma petite amie m'a quitté
III   **3e cause**   enfin, l'été dernier, j'ai perdu mon emploi

Conclusion: **rappel des causes et de la conséquence + nouvelle conséquence**
                        à cause de l'état de tristesse où m'ont plongé mon accident, mon drame sentimental et mon licenciement, j'ai adopté une nouvelle philosophie: laisser-faire.

Explication: ce plan combine à la fois le plan déductif (annonce dans l'introduction de la **conséquence** de la situation actuelle et des **causes** du problème) et le plan inductif (répétition dans la conclusion des causes principales et de la conséquence générale).

Ce type de plan, quoique assez rare dans la pratique de la composition, est spécialement adapté pour des situations où il faut marteler un message (ex. discours idéologique) ou bien ou il faut faire passer un message (ex. sermon religieux)

PLAN DÉDUCTIF I

L'HISTOIRE DE MA VIE RECENTE 1 *

Les dernières années de ma vie ont été pleines de faits marquants. Ces événements inhabituels au nombre de trois me sont arrivés en l'espace de très peu de temps et m'ont fortement affecté en me faisant sombrer dans un profond état de tristesse.

Il y a deux ans, tout allait bien: j'étais heureux, confiant et optimiste pour mon avenir à tel point que j'avais recommencé à pratiquer certaines activités de mon jeune âge. C'est ainsi que j'avais rechaussé mes skis et j'étais heureux de skier à nouveau jusqu'au jour où, soudain, je me suis cassé la jambe en tombant. L'ironie de ceci est que je suis un très bon skieur et je n'aurais jamais pensé qu'une chose aussi absurde pouvait m'arriver. Je suis tombé de la manière la plus inattendue sur une surface plane et sans qu'il n'y ait personne autour de moi qui aurait pu me gêner ! Je crois bien que cette chute va me servir de leçon: je pense à ne jamais remettre mes skis de descente. Cependant, je vais peut-être me brancher sur le ski de fond qui est certainement moins dangereux.

Comme j'approchais de la fin de ma convalescence et qu'on venait juste de m'ôter le plâtre, alors que j'avais des raisons de voir l'avenir avec quelque optimisme, un autre coup m'a frappé: ma petite amie m'a quitté. Nous nous connaissions tout de même depuis plusieurs années et je commençais même à nourrir certaines pensées d'engagement définitif avec elle. Aussi, lorsque ceci est arrivé, ce fut totalement inattendu puisque j'avais l'impression que nous nous entendions bien. Un jour, j'ai trouvé sur la table de la salle à manger une note qui disait: *«Je ne peux plus rester. Notre temps ensemble a été fantastique mais ... j'ai besoin de quelque chose de nouveau. Désolée !»* Je ne pouvais pas en croire mes yeux, et jusqu'à aujourd'hui, je ne sais toujours pas exactement pourquoi elle m'a quitté. Mais comprendre les femmes est peut-être le défi le plus grand pour les hommes !

Je suis entré dans une dépression qui a duré plusieurs mois et ce n'est qu'au printemps dernier que j'ai commencé à sortir de ma tristesse – et de ma colère –. Mais c'est à peu près à cette époque que j'ai reçu le coup le plus dur: j'ai perdu mon emploi. Encore une fois, alors que je mettais tous mes espoirs sur une promotion qui semblait me revenir – du moins d'après mes estimations –ma compagnie a dû se restructurer avec la double conséquence que non seulement je n'ai pas eu ma promotion mais encore que j'ai été renvoyé pour cause de licenciement économique. Je n'avais pourtant rien à me reprocher mais je ne pouvais m'y opposer. C'est là le triste sort des employés du système capitaliste.

Tous ces événements malheureux, je les ai subis sans jamais pouvoir les contrôler. Ils m'ont cependant appris la prudence. Maintenant, j'essaie de ne pas réagir de façon trop émotive au sujet de l'avenir. J'ai développé une nouvelle philosophie qui est: laisser-faire.

CODE	Déroulement déductif

Analyse de texte   voir corrigés p. 143

1 Mettez en évidence les expressions évoquant un plan chronologique.
2 paragraphe 1   quelle est la conséquence des 3 événements inhabituels qui sont arrivés?
3 paragraphe 2   donnez la première cause de cette situation
4 paragraphe 3   donnez la deuxième cause de cette situation
5 paragraphe 3   quel est le ton de la conclusion du paragraphe ?
6 paragraphe 4   donnez la troisième cause de cette situation
7 paragraphe 4   quel est le ton de la conclusion du paragraphe ?
8 paragraphe 5   quelle est la conséquence de tout cela dans ma vie?

3. L'inférence

PLAN DEDUCTIF I

LES CONDITIONS DE LA RÉUSSITE 2

Réussir ! Voilà le rêve de beaucoup de personnes car nous recherchons tous, plus ou moins avidement, la richesse, la puissance et le bonheur. Mais le chemin de la réussite est difficile et si certains parviennent à le trouver, beaucoup n'y arrivent jamais. Car pour réussir, il faut bénéficier de plusieurs conditions comme notamment l'intelligence, l'ambition et la patience, sans oublier – dans une certaine mesure – la chance.

La première condition pour réussir est l'intelligence. Chacun de nous la reçoit au départ. S'il est évident qu'il existe différents degrés d'intelligence selon les individus, il est possible de développer celle-ci de différentes manières dont l'apprentissage scolaire est l'une des plus évidentes. Heureux donc ceux qui ont naturellement un esprit vif et une compréhension rapide des choses, car ils bénéficient d'un atout considérable. Avec une bonne intelligence, il est plus facile de savoir patienter et de contrôler son ambition pour l'utiliser à bon escient.

Vient ensuite une autre condition quasi indispensable qui est l'ambition. Même si celle-ci est souvent vue sous un jour négatif, elle devient dans beaucoup de cas un élément positif et indispensable pour ceux qui veulent influencer le cours de leur existence. C'est en général assez tôt dans la vie que l'ambition se manifeste et il semble presque impossible de réussir sans elle. Même lorsqu'on bénéficie d'un départ facile dans la vie, un effort personnel est nécessaire sinon pour améliorer, du moins pour conserver sa fortune. Pour cela une certaine ambition est nécessaire, car sans elle, la motivation fait défaut. Et sans ambition, personne ne peut espérer réaliser ses rêves ni gravir l'échelle sociale. Ainsi un peu d'ambition est un atout certain.

Enfin, la patience est également une condition importante pour celui qui veut réussir. Celle-ci ne s'oppose pas à l'ambition mais la complète: un grand nombre de personnes célèbres étaient, dès leur plus jeune âge, dévorées d'ambition. Mais ces mêmes personnes ont souvent dû attendre avec beaucoup de patience le moment opportun pour en retirer le maximum d'efficacité. Pour cela, elles ont dû faire preuve de discernement et de volonté. C'est le cas de Napoléon qui était déjà connu et avait fait ses preuves depuis un certain temps lorsqu'il a décidé de brusquer les choses par un coup d'État: il lui semblait qu'alors la situation était propice pour ses projets, ce en quoi il avait entièrement raison.

En conclusion, il semble logique de dire que, bien que personne ne puisse contrôler son destin entièrement, l'individu qui bénéficierait des conditions ci-dessus aurait de grandes chances de réussir. Celui donc qui jouit d'une bonne dose d'intelligence, qui montre une certaine ambition et qui est pourvu du don de patience est bien armé pour réussir. Certains bénéficient même parfois d'un certain degré de chance quand une situation incontrôlable tourne inopinément en leur faveur. Mais la réussite provenant de la chance seule ne pourra fructifier que par l'application de l'intelligence qui est primordiale.

CODE	**Déroulement déductif**

Analyse du texte voir corrigés p. 143

1 Quelles sont les conditions pour réussir présentées ici?
2 Dans quel ordre sont présentées les conditions dans le développement?
3 Pourquoi la dernière condition est-elle présentée dans la conclusion selon vous?
4 Quelle est la conséquence du fait de bénéficier des conditions présentées ici?
5 Où est présentée cette conséquence pour la première fois?

PLAN DEDUCTIF II

LES CAUSES DE LA POLLUTION *

Le 20ᵉ siècle a vu notre planète subir d'énormes changements dont l'un des plus inquiétants est sans nul doute l'apparition de la pollution. Celle-ci qui représente un grave danger pour l'homme est le produit de plusieurs facteurs qui proviennent, en dernière analyse, de l'envie du profit. Elle se manifeste au niveau des plages où l'on se baigne, de l'eau qu'on boit et de l'air qu'on respire.

La pollution des plages est peut-être celle qui nous touche le moins car elle ne nous concerne que pendant une brève période de l'été, lorsque nous allons en vacances. Il faut bien avouer que, depuis les années 70, la qualité de l'eau est en constant progrès. En effet, les communes ont fait d'importants investissements dans les stations d'épuration. Les contrôles, grâce à leur fréquence, à la précision des instruments de mesure et au grand nombre de points de prélèvement sont devenus très fiables et donnent des résultats d'une grande rigueur scientifique. Cependant, le combat est loin d'être terminé et la pollution des plages, quoique en recul, existe encore.

Une autre pollution encore plus sensible est celle de l'eau que l'on boit. Comme on en consume sans cesse davantage, elle devient de plus en plus précieuse. Or, un tiers des effluents liquides des usines et la moitié des rejets domestiques finissent dans les rivières alors que 50 % de la population n'est toujours pas raccordée à une station d'épuration. De plus, l'eau recueille les nitrates produits par les engrais ainsi que l'ammonium issue de la dégradation des pesticides. Tout ceci fait que la qualité de l'eau laisse de plus en plus à désirer: les rivières sont polluées, les nappes phréatiques menacées et il devient de plus en plus hasardeux de boire l'eau du robinet.

Enfin, l'air que nous respirons et qui nous donne la vie est un air de plus en plus empoisonné: les usines brûlant du charbon ou du fioul chargé en soufre et les cheminées d'immeubles crachant des fumées brunes rejettent dans le ciel leur poison, ce qui provoque le brouillard, ce smog qui nappe le ciel des villes. Grâce à des mesures urgentes, les dioxydes de soufre et de plomb ont nettement diminué. Mais voici que la combustion des hydrocarbures dans les moteurs des camions et automobiles devient une menace encore plus pressante: la teneur de l'air en oxyde d'azote aggrave les troubles respiratoires et circulatoires et ronge les poumons et les monuments. On a certes institué une surveillance renforcée et appliqué de nouveaux plans de circulation mais il n'y toujours pas de solution satisfaisante à ce brûlant problème.

De tout cela, la menace la plus grave semble être la disparition progressive de la couche d'ozone qui entraîne un réchauffement de la planète, lequel va entraîner une montée des eaux qui provoquera des catastrophes en série. Pour arrêter cette dégradation de la nature, une mesure s'impose, énergique, rapide et drastique: il faut faire payer les pollueurs au prorata de la pollution qu'ils génèrent. Cela fera reculer certains dans leur degré de pollution car ils préféreront investir dans la prévention de la pollution. Les autres qui paieront pour leur pollution fourniront les moyens financiers d'agir pour faire diminuer la pollution par des mesures nécessaires.

CODE	Déroulement déductif

Analyse de texte voir corrigés pp. 143-4

1 Quelle est la conséquence actuelle de l'apparition de la pollution?
2 Où apparaît-elle dans le texte?
3 Quelles sont les diverses causes qui ont provoqué cette conséquence?
4 Quelle est la solution préconisée au problème de la pollution?
5 Où apparaît-elle dans le texte?

3. L'inférence

PLAN INDUCTIF

L'HISTOIRE DE MA VIE RECENTE 2 *

La vie est remplie de choses inattendues et l'on passe très souvent par des phases aussi surprenantes que différentes les unes des autres. Je sors d'une période très spéciale et je puis dire que, en ce qui me concerne, les dernières années que j'ai vécues m'ont spécialement marqué car je viens de vivre toute une série d'événements très significatifs.

Il y a deux ans, tout allait bien: j'étais heureux, confiant et optimiste pour mon avenir quand soudain, je me suis cassé la jambe en skiant. L'ironie de ceci est que je suis un très bon skieur et je n'aurais jamais pensé qu'une chose aussi absurde pouvait m'arriver. Pourtant je suis tombé, et de la manière la plus inattendue, sur une surface plane et sans personne autour de moi qui aurait pu me gêner ! Quand je pense à cette histoire, je ne comprends toujours pas comment une telle chose a pu m'arriver.

Comme j'approchais de la fin de ma convalescence et qu'on venait de m'ôter le plâtre, au moment même où j'avais des raisons d'envisager l'avenir avec quelque optimisme, un autre coup m'a frappé: ma petite amie m'a quitté. Ceci était totalement inattendu car j'avais l'impression qu'elle et moi, nous nous entendions bien. Un jour, j'ai trouvé sur la table de la salle à manger une note qui disait: *«Je ne peux plus rester. Notre temps ensemble a été fantastique mais ... j'ai besoin de quelque chose de nouveau. Désolée !»* Je ne pouvais pas en croire mes yeux, et jusqu'à aujourd'hui, je ne sais toujours pas exactement pourquoi elle m'a vraiment quitté. Mais comprendre les femmes est peut-être le défi le plus grand pour les hommes !

Je suis entré dans une dépression qui a duré plusieurs mois et ce n'est qu'au printemps dernier que j'ai commencé à surmonter ma tristesse – et ma colère –. J'avais recommencé à sortir, à faire un peu de sports et à revoir des amis. Mais c'est à peu près à cette époque-là que j'ai reçu le coup le plus dur: j'ai perdu mon emploi. La crise économique frappait durement mon secteur professionnel: la compagnie pour laquelle je travaillais a dû restructurer comme l'on dit, et j'étais parmi les licenciés. Je n'avais rien à me reprocher mais il n'y avait rien que je ne pouvais faire sinon accepter le plan de licenciement proposé par l'entreprise et me mettre à la recherche d'un autre emploi. Voilà le triste sort des travailleurs dans un monde capitaliste !

Tous ces événements qui me sont arrivés m'ont bien sûr affecté profondément. J'ai sombré dans une attitude de profonde tristesse et je suis passé par une période très difficile. Mais cela m'a forcé à réfléchir et à voir la vie sous un aspect différent avec, comme conséquence, le fait que j'ai appris à être très prudent et réservé et à ne pas m'exciter inutilement pour tout ce qui concerne l'avenir. J'ai même développé une nouvelle philosophie qui est: laisser-faire.

CODE   **Enroulement inductif**

Analyse de texte   voir corrigés p. 144

1   Dans l'introduction, commentez le mot: «significatifs.»
2   Quels sont les «événements significatifs» développés?
3   Quelle est la conséquence des problèmes endurés?
4   Où se trouve mentionnée cette conséquence? Pourquoi?

PLAN INDUCTIF

LES CONDITIONS DE LA RÉUSSITE 3

Tout le monde peut-il réussir dans la vie? Si c'était le cas, il semble bien que le nombre de gens riches serait beaucoup plus élevé. Il est évident que la plupart recherche avidement la richesse, la puissance et le bonheur. Alors pourquoi seulement certains réussissent-ils? Est-ce simplement une question d'initiative individuelle? Ceci semble poser le problème des capacités intellectuelles de chaque individu et de la façon dont chacun utilise les atouts qu'il a.

Tout vient à point à qui sait attendre. Il est certain que la réussite ne vient pas simplement quand on la désire. Il faut parfois s'armer de patience et attendre peut-être même très longtemps avant de voir ses rêves se réaliser. Un grand nombre de personnes célèbres étaient, dès leur plus jeune âge, dévorées d'ambition. Mais ces mêmes personnes ont souvent dû faire preuve de discernement et de volonté et attendre le moment opportun pour agir avec le maximum d'efficacité. La patience apparaît donc comme une condition nécessaire de la réussite.

Cependant, la patience seule ne saurait être suffisante: il est pratiquement impossible de réussir si l'on se contente de ce qu'on a. Même lorsqu'on bénéficie d'un départ facile dans la vie (comme un train de vie confortable résultant d'une fortune familiale), un effort personnel est nécessaire pour améliorer, ou à tout le moins conserver son patrimoine. Pour cela il faut être animé d'une énergie et d'une vision dont les gens motivés font preuve. Il est difficile de réaliser ses rêves et de gravir l'échelle sociale sans ambition: celle-ci complète donc admirablement bien la patience.

Pourtant, il est une condition encore plus importante que les deux citées ci-dessus et qui est l'intelligence que chacun de nous reçoit au départ. S'il est patent qu'il existe différents degrés d'intelligence selon les individus, il est possible de développer celle-ci de diverses manières dont l'apprentissage scolaire est l'une des plus évidentes. Heureux sont ceux qui ont naturellement un esprit vif et une compréhension rapide des choses, car ils bénéficient d'un atout considérable pour mener à bien leur vie. L'intelligence apparaît donc comme une condition essentielle pour parvenir au succès. Avec une bonne intelligence, il est plus facile de savoir patienter et de contrôler son ambition pour l'utiliser à bon escient.

En conclusion, on peut dire que le chemin de la réussite est difficile et assorti de plusieurs conditions comme la patience, l'ambition et l'intelligence, sans oublier – dans une certaine mesure – la chance: en effet, certains bénéficient de cet atout quand les choses qu'ils ne peuvent pas contrôler tournent inopinément en leur faveur. Cependant, cette chance a besoin d'être secondée – elle aussi – à un certain niveau par l'intelligence si elle veut pouvoir se révéler fructueuse. Il semble donc logique de dire que, bien que personne ne puisse contrôler son destin entièrement, une personne qui bénéficierait des conditions ci-dessus aurait de grandes chances de réussir.

Code   **Enroulement inductif**

Analyse de texte   voir corrigés p. 144

1   Quel est le but des questions de l'introduction?
2   Quelles sont les conditions pour réussir présentées dans le développement?
3   Selon quel ordre ces conditions sont-elles présentées? Mettez-le en évidence.
4   Le paragraphe 3 est construit selon quel type de raisonnement? A quoi le voit-on?
5   Quelle est la conséquence pour celui qui jouit des conditions présentées dans ce texte?

PLAN CONVENTIONNEL

L'HISTOIRE DE MA VIE RECENTE 3 *

Les dernières années de ma vie ont été remplies de faits marquants, tels que la fracture de ma jambe, la rupture avec mon amie et la perte de mon emploi. Cette cascade de petits malheurs sont autant d'événements inhabituels qui me sont arrivés en l'espace de très peu de temps et qui m'ont profondément marqué jusqu'à me faire sombrer dans un profond état de tristesse.

Il y a deux ans, tout allait bien: j'étais heureux, confiant et optimiste pour mon avenir quand soudain, je me suis cassé la jambe en skiant. L'ironie de cet événement est que je suis un très bon skieur et je n'aurais jamais pensé qu'une chose aussi absurde pouvait m'arriver. Pourtant je suis tombé de la manière la plus inattendue sur une surface plane et sans personne autour de moi qui aurait pu me gêner ! Quand je pense à cette histoire, je ne comprends toujours pas comment une telle chose a pu m'arriver.

Comme j'approchais de la fin de ma convalescence et qu'on venait de m'ôter le plâtre, au moment où j'avais des raisons d'envisager le futur avec quelque optimisme, un autre coup m'a frappé : ma petite amie m'a quitté. Ceci était totalement inattendu car j'avais l'impression que je m'entendais bien avec elle. Un jour, j'ai trouvé sur la table de la salle à manger une note qui disait: «*Je ne peux plus rester. Notre temps ensemble a été fantastique mais ... j'ai besoin de quelque chose de nouveau. Désolée* !» Je ne pouvais pas en croire mes yeux, et jusqu'à aujourd'hui, je ne sais toujours pas exactement pourquoi elle m'a vraiment quitté. Mais comprendre les femmes est peut-être le défi le plus grand pour les hommes !

Je suis entré dans une dépression qui a duré plusieurs mois et ce n'est qu'au printemps dernier que j'ai commencé à émerger de ma tristesse – et de ma colère –. J'avais recommencé à sortir, à faire un peu de sports et à revoir des amis. Mais c'est à peu près à cette époque-là que j'ai reçu le coup le plus dur : j'ai perdu mon emploi. Encore une fois, alors que je mettais tous mes espoirs sur une promotion qui semblait me revenir – du moins d'après mes estimations – ma compagnie a dû restructurer comme l'on dit, et j'étais parmi les licenciés. Je n'avais rien à me reprocher car je me considérais comme un excellent employé mais il n'y avait rien que je ne pouvais faire sinon accepter le plan de licenciement proposé par l'entreprise et me mettre à la recherche d'un autre emploi. C'est là le triste sort des travailleurs dans un monde capitaliste et il semble bien que ce système soit malheureusement bien loin de s'améliorer de ce point de vue-là.

Tous ces événements physique, sentimental et professionnel qui me sont arrivés m'ont bien sûr profondément affecté. J'ai sombré dans une attitude de profonde tristesse et je suis passé par une période très difficile. Je croyais n'en jamais sortir mais cela a été possible car j'ai été forcé de réfléchir et finalement j'ai commencé à voir la vie sous un aspect différent. Le résultat est que j'ai appris à être très prudent et à ne pas m'exciter inutilement pour tout ce qui concerne le futur. J'ai même développé une nouvelle philosophie qui est: laisser-faire.

CODE   Déroulement déductif et enroulement inductif du plan conventionnel

Analyse du texte   voir corrigés p. 144

1   Mettez en évidence l'aspect déductif du plan conventionnel.
2   Mettez en évidence l'aspect inductif du plan conventionnel.
3   Comparez les thèmes présentés dans l'introduction avec les thèmes mentionnés dans la conclusion.

COMPOSITION A ANALYSER

LES CAUSES DE LA DÉFAITE DE WATERLOO 1

Napoléon devait tomber un jour et c'est sur la morne plaine de Waterloo que le Destin l'attendait. C'est là qu'il mordit la poussière mais ceci n'arriva qu'au prix d'un concours de circonstances si incroyables que beaucoup n'ont pas hésité à dire que si Napoléon a perdu ce jour-là, c'était parce que Dieu l'avait ainsi décidé.

Sans s'étendre sur le fait que l'armée française était numériquement très inférieure à la coalition alliée, – ce fait est coutumier des batailles que Napoléon a livrées et souvent gagnées et ne peut donc être retenu comme un élément absolument essentiel –, l'analyse du déroulement de la bataille montre tout d'abord que le temps atmosphérique a considérablement contrarié les plans de Napoléon: les orages diluviens qui avaient éclaté la veille de la bataille ont contrecarré ses projets de déplacement de l'artillerie, son arme maîtresse qui décidait souvent du destin des batailles: embourbés, les canons étaient pratiquement inutilisables et n'ont donc pu permettre aux Français d'assurer leur maîtrise sur le champ de bataille.

Ensuite, une série de circonstances incontrôlables, de la méconnaissance du terrain du champ de bataille par Napoléon à diverses trahisons durant le combat ont fait perdre l'initiative à l'Empereur. Le manque de connaissance de la topographie de l'endroit s'est révélé notamment déterminant à plusieurs reprises et sans doute les choses auraient été différentes si les renseignements fournis par un paysan de l'endroit réquisitionné comme guide pour la cause s'étaient révélés plus exacts que ceux donnés à Napoléon. Toujours est-il qu'une fois l'initiative perdue, la situation a basculé, ce qui a entraîné la défaite de la France.

Enfin, un des facteurs clés de l'issue de la bataille de Waterloo a été l'incroyable incompétence du général Grouchy. Ce dernier avait reçu de Napoléon une mission extrêmement importante qui consistait à empêcher la jonction de l'armée prussienne mise en défaite et des troupes anglaises de Wellington. Or Grouchy a lamentablement failli dans sa mission en dépit des conseils de sagesse que lui prodiguait le Général Gérard qui tentait de le convaincre de se diriger dans la direction du bruit du canon alors qu'en réalité il éloignait du champ de bataille des troupes fraîches qui ont fait cruellement défaut aux Français à la fin du combat. Cette aberration a décidé du sort de la bataille par le fait que les troupes prussiennes ont pu venir renforcer les lignes anglaises épuisées au moment où celles-ci étaient sur le point de succomber aux charges des Français.

C'est donc par une incroyable combinaison de facteurs inattendus et incontrôlables que s'est décidé le destin d'une des batailles les plus importantes de l'histoire et dans laquelle l'acteur principal – Napoléon – a été réduit à subir la situation. Et à partir de cette conjonction d'éléments contraires à Napoléon, il n'y a qu'un pas à faire pour se dire que ce jour-là, l'Histoire était bien en marche et le destin de Napoléon a réellement été scellé par une puissance supérieure.

Analyse du texte: voir corrigés pp. 144-5

1 Quel type de plan par inférence est appliqué ici?
2 Quelles sont les causes de la défaite de Waterloo?
3 Analysez la progression de ce plan.
4 Identifiez la prétérition dans le texte.

COMPOSITION A ANALYSER

LES CAUSES DE LA DEFAITE DE WATERLOO 2

La bataille de Waterloo est un de ces événements historiques majeurs dont le déroulement fascine par sa complexité et les rebondissements incroyables qui la jalonnent. Quand on se penche sur le déroulement de la journée du 18 juin 1815, on ne peut que s'étonner de la façon dont plusieurs éléments ont façonné l'issue de cet affrontement épique.

Au cours de la bataille de Waterloo, le premier élément à jouer un rôle capital est le temps atmosphérique: en effet, la veille de la bataille, des conditions météorologiques totalement inattendues ont transformé la région de Waterloo en terrain de boue. Les trombes d'eau qui sont tombées ont énormément influé sur le cours des choses et compliqué le rôle des états-majors. Les pluies ont empêché les Français d'utiliser leur artillerie: embourbés, les canons n'ont pu être mis à contribution, privant ainsi Napoléon d'un élément capital de sa stratégie militaire.

Ensuite, une série de circonstances incontrôlables, de la méconnaissance du terrain du champ de bataille par Napoléon à diverses trahisons durant le combat ont fait perdre l'initiative à l'Empereur. Le manque de connaissance de la topographie de l'endroit s'est révélé notamment déterminant à plusieurs reprises et sans doute les choses auraient été différentes si les renseignements fournis par un paysan de l'endroit réquisitionné comme guide pour la cause s'étaient révélés plus exacts que ceux donnés à Napoléon. Toujours est-il qu'une fois l'initiative perdue, la situation a basculé, ce qui a entraîné la défaite de la France.

De plus, l'attitude aberrante de certains généraux qui ont agi en dépit du bon sens a provoqué des revers de fortune totalement inattendus. L'élément déterminant de la malchance de Napoléon a été sans conteste l'incompétence criante du général Grouchy: celui-ci avait reçu une mission particulièrement importante qui consistait à empêcher la jonction des armées prussienne et anglaise. Or, il a lamentablement échoué dans sa mission. Pourtant il était accompagné du Général Gérard qui l'a sans cesse enjoint de changer de stratégie pour se rendre sur le champ de bataille. Au lieu de cela, Grouchy s'est entêté à poursuivre un ennemi invisible et a ainsi privé Napoléon de troupes importantes qui ont cruellement fait défaut sur la plaine de Waterloo.

Bien que Napoléon ait été habitué à livrer – et à gagner – des batailles avec des armées numériquement inférieures à celles de ses adversaires, ce jour-là, cet élément, ajouté à la somme de facteurs contraires, peut avoir aussi eu une certaine importance dans le résultat final de la bataille. L'infériorité numérique des Français à Waterloo a pesé plus en défaveur de Napoléon que dans n'importe quelle autre bataille livrée par le petit caporal.

Cet incroyable concours de circonstances toutes défavorables au camp français est donc à l'origine de la défaite de Napoléon. Ce jour-là, l'Histoire était en marche et il était écrit que la carrière de l'Empereur s'arrêterait dans la morne plaine de Waterloo et que rien ni personne ne pourrait inverser le cours des choses.

Analyse du texte: voir corrigés p. 145

1. Quel type de plan par inférence est appliqué ici?
2. Quels éléments ont joué un rôle capital dans cette bataille?
3. Quelle est la conséquence de ces divers éléments combinés?
4. Où cette conséquence est-elle indiquée? Pourquoi?
5. Montrez la restriction du paragraphe 5.

COMPOSITION A ANALYSER

LA VIOLENCE DANS LA SOCIETE OCCIDENTALE

La société occidentale est en prise à plusieurs fléaux qui la menacent. Parmi ceux-ci se trouve la violence: l'insécurité générée par cette dernière est devenue une donnée incontournable de la vie de nombre de citoyens et un enjeu majeur des urnes. Il y a plusieurs raisons pour lesquelles la violence gangrène aujourd'hui nos sociétés occidentales et la meilleure manière de l'éradiquer est certainement de s'attaquer aux causes qui la provoquent.

Tout d'abord, la grande liberté de nos démocraties, l'élément fondamental des sociétés occidentales, n'a pas que des effets positifs: en effet, elle contribue – en partie – à la création des problèmes qui minent les démocraties: les régimes totalitaires font du monde occidental le champ privilégié de leur violence terroriste, provoquant crises internationales et drames humains.

Ensuite, l'un des problèmes qu'une trop grande liberté crée concerne la violence générée par la facilité d'acquisition des armes à feu: en effet, dans certains pays, il est devenu si simple de se procurer une arme que n'importe qui peut se présenter dans un magasin et en acheter une sans la moindre difficulté. Or, une grande partie de ces armes est ensuite utilisée contre des innocents, soit dans le cadre de la famille de l'agresseur ou tout simplement dans la rue contre des inconnus. Cela crée un profond sentiment d'insécurité dans toute la société et l'on assiste au paradoxe que la liberté devient alors un élément qui crée l'angoisse et non l'épanouissement de l'homme.

Une autre raison qui fait que la violence pénètre toujours davantage dans les sociétés occidentales est que, depuis de longues années, ces dernières sont sujettes à une crise économique profonde et sans doute durable. Cela engendre misère et pauvreté qui se répandent comme une traînée de poudre avec leur cortège de problèmes comme l'insécurité dans la vie quotidienne des gens.

Pour comble de malheur, l'augmentation de la délinquance provoque une pression sur le système judiciaire et pénitentiaire: les prisons regorgent de détenus. Aussi, relâche-t-on très rapidement des malfaiteurs qui normalement devraient rester derrière les barreaux. Ce laxisme de la loi est très pernicieux car il encourage encore plus la petite délinquance et décourage les policiers qui voient leurs efforts anéantis par le laxisme des juges et l'appareil judiciaire déficient.

Il apparaît donc que de nombreuses causes sont à l'origine de la violence dans les sociétés occidentales. La principale victime en est la classe pauvre, ce cancer de nos sociétés riches, que l'on désigne sous le nom de quart-monde. Le phénomène de la pauvreté et de la violence prend toutes sortes de formes, dont la plus inquiétante est sans doute la violence gratuite qui semble, dans les circonstances actuelles, être en augmentation constante. Il faudra un grand sursaut des démocraties pour arriver à juguler ce mal: cela passe par la prise de mesures énergiques et par davantage de réglementation dans certains domaines, avec le risque d'empiéter sur la liberté individuelle. C'est à ce prix qu'on devrait pouvoir retrouver la sécurité chère à chacun de nous.

3. L'inférence

Analyse du texte: voir corrigés p. 145

1   Quel type de plan par inférence est appliqué ici?
2   Quelle est l'idée majeure de l'introduction qui est expliquée dans le développement?
3   Quelles sont les causes de la violence?
4   Quelle est la solution à ce problème de la violence? Où est-elle proposée?

4. LA COMPARAISON

Qu'est-ce qu'une comparaison?

Une comparaison est le fait d'envisager ensemble deux ou plusieurs objets de pensée pour en chercher les différences et / ou les ressemblances.

Comparer deux choses qui n'ont absolument rien de commun ne sert effectivement qu'à dire qu'elles sont différentes et n'apporte rien à la démonstration. Si l'adage dit que «comparaison n'est pas raison», il faut peut-être replacer cela dans un contexte où la comparaison met en présence deux objets de comparaison qui sont trop éloignés l'un de l'autre pour justifier des ressemblances significatives.

En fait, plus les objets se ressemblent, plus la comparaison a de sens. Comparer **deux choses de la même catégorie** est la démarche idéale (par exemple Notre Dame de Paris et la cathédrale de Chartres). La comparaison de **deux objets de catégorie sensiblement différente** peut encore offrir quelque intérêt (par exemple Notre Dame de Paris et le Musée Pompidou), mais si les deux objets sont de catégorie nettement distincte (Notre Dame de Paris et la gare de Bayonne), alors la comparaison n'a plus vraiment de raison d'être à moins de vouloir entrer dans le domaine de l'imaginaire poétique, métaphorique ou encore surréaliste.

Mettre en évidence les différences de deux choses qui ont entre elles des ressemblances devient intéressant et même utile. **La comparaison ne remplit donc son usage que lorsque l'on peut partir de repères semblables**, de rapprochements ou de parallèles entre les objets et d'en dégager, par une confrontation entre les termes de comparaison, les aspects dissemblables qui parfois ne peuvent se trouver qu'après de subtiles analyses.

On utilisera ici les expressions suivantes: **termes de comparaison** et **points de comparaison**.
Les **Termes de Comparaison (TC)** sont les 2 objets à comparer, par exemple: le football et le rugby.
Les **Points de Comparaison (PC)** sont les aspects spécifiques aux deux termes de comparaison qui sont retenus pour être comparés. Les règles du jeu sont un bon exemple de point de comparaison entre le football et le rugby. Les règles du jeu offrent – comme tout bon point de comparaison – des points de ressemblance ainsi que des points de différence.

PLAN COMPARATIF

C'est le plan utilisé pour **faire ressortir les ressemblances et les différences** entre deux objets.

De ce contraste, on peut **conclure** soit par une simple appréciation de contenu, soit par une appréciation qualitative (un objet est jugé mieux que l'autre). La décision de quel type d'appréciation choisir dépend grandement de la nature de la comparaison à mener.

Il peut suivre 5 voies:

A plan analogique (comparaison partielle)
Ce plan a pour objectif de mettre en évidence uniquement les **ressemblances** entre les deux TC.

B plan différencié (comparaison partielle)
Ce plan a pour objectif de mettre en évidence uniquement les **différences** entre les deux TC.

C plan binaire (comparaison totale)
Ce plan a pour objectif de présenter la comparaison en deux parties: dans la première sont étudiées les ressemblances et dans la deuxième les différences entre les deux TC ou vice-versa.

D plan séquentiel (comparaison totale)
Ce plan se propose de présenter chaque terme de comparaison séparément. A l'intérieur de chacune de ces deux parties, on étudiera les mêmes points de comparaison présentés dans le même ordre.

E plan alterné (comparaison totale)
Ce plan se propose de présenter successivement les différents points de comparaison. Pour chaque point de comparaison, on étudiera tour à tour les deux TC que l'on confrontera l'un à l'autre.

Il est à noter que pour les trois plans de comparaison totale ci-dessus, le contenu de la composition peut être exactement le même d'un plan à l'autre. C'est seulement la disposition des idées qui varie.

Outre le genre de sujets opposant comme ci-dessus deux termes de comparaison (TC1 et TC2), il existe des sujets à comparaison plus cadrée, du genre: le rugby anglais et le rugby français. Ce genre de sujets demande des connaissances plus spécialisées et nécessite donc des recherches plus ou moins poussées.

MODELES DE PLAN

A PLAN ANALOGIQUE: LE FOOTBALL ET LE RUGBY 1 p. 68

Introduction: Le football et le rugby ont de nombreux points communs.

Développement:
I	PC1	Aspects du jeu:	**football** + **rugby**	statut; terrain extérieur; ballon; règles
II	PC2	Sports d'équipe:	**football** + **rugby**	nombre de joueurs; esprit d'équipe
III	PC3	Popularité:	**football**: établie	**rugby**: grandissante
IV	PC4	Violence:	**football**: un fléau	**rugby**: un malentendu

Conclusion: D'un point de vue général, tous deux sont des sports qui se ressemblent assez.

Explication: quatre points de comparaison offrant des ressemblances entre les deux sports sont mis en évidence et développés chacun dans un paragraphe représenté par les chiffres romains.
Ce plan est assez rare car les ressemblances sont en général moins recherchées que les différences.
Chaque ressemblance est étudiée dans un paragraphe différent, ce qui revient à faire un plan classification (voir page 38).

B PLAN DIFFERENCIE: LE FOOTBALL ET LE RUGBY 2   p. 69

Introduction: Ces deux sports, malgré certaines ressemblances, sont très différents.

Développement:
I	**PC1**	**Aspects du jeu**:	**football**: ballon rond	**rugby**: ballon ovale
II	**PC2**	**Sports d'équipe**:	**football**: 11 joueurs	**rugby**: 15 joueurs
III	**PC3**	**Popularité**:	**football**: ancienne et établie	**rugby**: récente et rapide
IV	**PC4**	**Violence**:	**football**: dans les gradins	**rugby**: sur le terrain

Conclusion: Tous deux sont des sports qui, malgré certaines affinités, se différencient grandement.

Explication: la structure de l'essai est clairement contrasté: à partir des quatre points de comparaison que sont le jeu, le sport d'équipe, la popularité et la violence, les différences sont dégagées en quatre paragraphes traitant chacun un point de comparaison.

Chaque différence est étudiée dans un paragraphe différent, ce qui revient à faire un plan classification (voir page 38).

C PLAN BINAIRE: LE FOOTBALL ET LE RUGBY 3   p. 70

Introduction   Le foot et le rugby ont de grandes ressemblances et de nombreuses différences.

Développement:

A Les **ressemblances**

I	**PC1**	**Aspects du jeu**:	**football** + **rugby**	statut; terrain extérieur; but du jeu
II	**PC2**	**Sports d'équipe**:	**football** + **rugby**	nombre de joueurs; esprit d'équipe
III	**PC3**	**Popularité**:	**football**: établie	**rugby**: grandissante
IV	**PC4**	**Violence**:	**football**: un fléau	**rugby**: un malentendu

B Les **différences**

I	**PC1**	**Aspects du jeu**:	**football** + **rugby**: taille du terrain; forme du ballon	
II	**PC2**	**Sports d'équipe**:	**football**: 11 joueurs; **rugby**: 15 joueurs	
III	**PC3**	**Popularité**:	**football**: ancienne et établie; **rugby**: récente et rapide	
IV	**PC4**	**Violence**:	**football**: dans les gradins; **rugby**: sur le terrain	

Conclusion   Il existe de moins en moins de ressemblances entre ces sports.

Explication: ce plan se présente sur **deux parties**: il se propose de décrire dans une première partie (A) en quatre paragraphes, les quatre PC entre le foot et le rugby qui sont étudiés sous l'angle de leurs ressemblances. Ensuite, dans une deuxième partie (B), toujours en quatre paragraphes, les quatre mêmes points de comparaison sont étudiés cette fois-ci sous l'angle de leurs différences.
Il est à noter que chaque PC de la seconde partie répond point par point à un PC de la première partie.
Avantages: ce plan présente clairement et séparément les ressemblances puis les différences des différents PC pour chaque TC.
Inconvénients: la distance dans le texte entre la présentation des ressemblances et les différences d'un même PC rend la comparaison globale (ressemblances + différences) difficile à faire.

D PLAN SEQUENTIEL: LE FOOTBALL ET LE RUGBY 4   p. 72

Introduction

Développement:

A	TC 1	**Le FOOTBALL**	
I	PC1	Historique:	né au début 19ᵉ siècle; sport professionnel depuis longtemps
II	PC2	Technique:	ballon rond, sport de mouvement, prévisible
III	PC3	Popularité:	mondiale en constante augmentation
IV	PC4	Violence:	hooligans dans les gradins
B	TC 2	**Le RUGBY**	
I	PC1	Historique:	né au 19ᵉ siècle, après le football; professionnel depuis peu
II	PC2	Technique:	ballon ovale, sport de contact, et d'adresse; imprévisible
III	PC3	Popularité:	devient très populaire surtout depuis 1987
IV	PC4	Violence:	un malentendu: sport viril mais correct

Conclusion: le rugby, un sport plus complexe mais plus varié.

Explication: ce plan se présente en **deux parties**:

Il se propose de décrire dans une **première partie** (A) en quatre paragraphes, quatre points de comparaison (l'historique, la technique, la popularité et la violence) concernant le premier terme de comparaison (le football).

Ensuite, dans une **deuxième partie** (B), toujours en quatre paragraphes, les quatre mêmes points de comparaison sont étudiés mais cette fois-ci par rapport au rugby.

Avantages: on peut bien voir tous les points de comparaison d'un même terme de comparaison dans une même partie.

Inconvénients: il est difficile de mettre en parallèle le même point de comparaison (PC) dans les deux termes de comparaison (TC) et de les comparer en détails car les deux PC sont présentés trop loin l'un de l'autre dans le texte.

E LE PLAN ALTERNE: LE FOOTBALL ET LE RUGBY 5   p. 74

Introduction   deux grands sports aujourd'hui tous deux nés en Angleterre.

Développement:
I **PC1**   **HISTORIQUE**
     TC1   a **football**:   1 sport ancien (D) né en Angleterre (R)
                               2 sport professionnel (R) depuis longtemps (D)
     TC2   b **rugby**:   1 sport + jeune (D) né en Angleterre (R)
                               2 sport devenu professionnel (R) récemment (D)

II **PC2**   **JEU**
     TC1   a **football**:   1 mi-temps (R /D) terrain (R/D) ; but du jeu (R/D)
                               2 nombre de joueurs (R/D) ; sport de mouvement (R), finesse (D)
     TC2   b **rugby**:   1 mi-temps (R/D) ; terrain (R/D) ; but du jeu (R/D)
                               2 nombre de joueurs (R/D) sport de mouvement (R), contact (D)

III **PC3**   **POPULARITÉ**
     TC1   a **football**:   1 audience mondiale (R) depuis longtemps déjà (D)
     TC2   b **rugby**:   1 audience devenue mondiale (R) plus récemment (D)

IV **PC4**   **VIOLENCE**
     TC1   a **football**:   1 joueurs corrects (D)
                               2 spectateurs (hooligans) violents (D)
     TC2   b **rugby**:   1 joueurs virils (D)
                               2 spectateurs corrects (D)

Conclusion   le rugby, petit frère du foot mais pour combien de temps?

Explication:

Dans ce plan, on **développe** tour à tour les différents points de comparaison (= l'historique, le jeu, la popularité et la violence) à l'intérieur de chacun desquels **on analyse alternativement les 2 termes de comparaison (football et rugby)** dans leurs ressemblances (R) et leurs différences (D) (ou vice versa).

Avantages: la comparaison simultanée des points de comparaison entre les objets comparés est un grand avantage et permet une étude facile et directe de comparaison.

Inconvénients: très peu d'inconvénients à signaler ici.

PLAN ANALOGIQUE

LE FOOTBALL ET LE RUGBY 1 *

Le football et le rugby sont deux sports très en vogue de nos jours. Tous deux nés en Angleterre, ils ont réussi à s'imposer comme des sports de masse à grand spectacle. Aujourd'hui, ils présentent des ressemblances tant au niveau technique que sociologique.

Ces deux sports, maintenant tout deux professionnels, offrent un jeu qui a de nombreux aspects analogues: ils se jouent en extérieur sur des terrains de sports qui font que les joueurs doivent beaucoup courir et se dépenser pendant deux mi-temps sensiblement de la même longueur. Le but du jeu consiste à se passer un ballon pour essayer de marquer contre le camp adverse.

Dans ces deux sports, les joueurs se présentent au sein d'une équipe nombreuse: 11 joueurs au football et jusqu'à 15 au rugby. Il est donc difficile aux stars de briller par leur talent individuel – quoique cela soit possible – car le succès passe surtout par la cohésion du groupe et l'esprit d'équipe que doit stimuler la présence d'un capitaine qui prend les décisions sur le terrain.

La popularité de ces sports est en progression constante: le football dévore les marchés, s'implante dans tous les pays comme en Chine récemment et dans tous les milieux. Sa popularité n'est plus à faire. Le rugby, d'audience certes plus restreinte, n'en demeure pas moins un des grands sports actuels dont la progression va croissant depuis la création de la première coupe du monde de rugby en 1987 et l'instauration récente du statut professionnel de ce sport resté amateur jusqu'aux toutes dernières années du 20e siècle.

Enfin, on ne peut pas ne pas parler de la violence concernant ces deux sports. La violence dans le football existe, mais dans les gradins parmi les hooligans dont les débordements inquiètent les gouvernements qui doivent se mobiliser pour les maîtriser. En ce qui concerne le rugby, la notion de violence – si l'on peut donner ce nom à ce phénomène – provient de la nature virile de ce sport de conquête et de choc au niveau des contacts entre joueurs. Ceci donne au rugby un aspect de combativité maîtrisée que les non-initiés ont tendance à prendre pour de la brutalité.

Ainsi donc, à travers les aspects liés au jeu, au collectif, à la popularité et à la violence, ces deux sports ont, d'une manière générale, plusieurs aspects assez semblables. Mais ceci signifie-t-il pour autant qu'ils se ressemblent énormément?

Code	**Points de comparaison = thèmes**

Analyse du texte   voir corrigés p. 145

1   Combien y a-t-il de points de comparaison? Lesquels?
2   Par. 3: pourquoi la différence mentionnée n'est-t-elle pas pertinente dans le contexte?
3   Quel est le mot qui marque la concession au paragraphe 4?
4   Comparer la présentation interne des paragraphes 2 et 3 à celle des paragraphes 4 et 5.
5   Que sous-entend la conclusion?

PLAN DIFFERENCIE

LE FOOTBALL ET LE RUGBY 2 *

Le football et le rugby sont deux sports très en vogue de nos jours. Si tous deux sont nés en Angleterre, malgré quelques ressemblances dues peut-être à leur commune origine, c'est par leurs différences qu'ils se distinguent tant au niveau technique que sociologique.

Le jeu qui anime ces deux sports exige des athlètes en excellente condition physique: joués en extérieur sur d'immenses terrains, les deux sports se distinguent par la différence de leur ballon: rond en football, il est ovale en rugby ! De cette singularité s'ensuit tout le reste car là où le jeu du football reste un sport assez prévisible, le rugby, à l'image des rebonds inattendus et incontrôlables de son ballon, demeure un sport où l'imprévisible garde une grande place.

Les joueurs se présentent au sein d'une équipe nombreuse: 11 joueurs au football et 15 au rugby. La différence de quatre joueurs peut sembler minime, mais elle a une grande signification au niveau de la couverture du terrain. Il semble qu'en rugby, la spécialisation du joueur (attaquant ou défenseur, avant ou arrière) soit plus marquée qu'en football car certains postes exigent de forts gabarits et d'autres des tailles plus modestes.

La popularité du football n'est plus à faire et la vitesse à laquelle se répand ce sport dans tous les pays est impressionnante. Des zones où autrefois le ballon rond était pratiquement inconnu sont devenues des régions ferventes de ce sport. Plus ancien, le football a maintenant une dimension planétaire indiscutable. Pour sa part, plus récent, le rugby vit actuellement une période faste et une ascension régulière et continue depuis la création de la première coupe du monde de rugby en 1987 et l'instauration récente du statut professionnel de ce sport. Mais son audience internationale est nettement inférieure à celle du football et ce n'est que récemment qu'il a vraiment commencé à essaimer hors de la zone d'origine du Commonwealth britannique.

Enfin, on ne peut pas ne pas parler de la violence concernant ces deux sports. Le football est celui qui reçoit un carton rouge: en effet, la violence est une véritable folie qui s'empare des spectateurs devenus alors de dangereux casseurs, des hooligans dont les débordements inquiètent les gouvernements et semblent assez difficiles à maîtriser. Dans le rugby, les choses sont très différentes: même si le jeu peut apparaître assez violent au novice, malgré les chocs qu'endurent les joueurs il n'y a pratiquement pas de violence sur le terrain dans ce «sport de voyous pratiqué par des gentlemen» comme on l'a qualifié.

Ainsi donc, ces deux sports modernes, qui sont en plein essor et qui semblent tous deux promis à un bel avenir, se distinguent très clairement l'un de l'autre par leurs grandes différences et il ne reste pas grand-chose aujourd'hui de leur origine commune.

Code   **Points de comparaison = thèmes**

4. La comparaison

Analyse de texte   voir corrigés pp. 145-6
1   Par quel type de généralisation commence l'introduction?
2   Quelle est la similarité de développement interne des paragraphes 2 et 3 ?

PLAN BINAIRE

LE FOOTBALL ET LE RUGBY 3 *

Le football et le rugby sont deux sports très en vogue de nos jours. Ils sont tous deux nés en Angleterre, ce qui peut expliquer qu'ils aient des ressemblances. Mais malgré leur commune origine, ils offrent de grandes différences tant au niveau technique que sociologique.

Le football et le rugby, qui sont maintenant tous deux des sports professionnels, présentent d'intéressantes ressemblances. Ainsi, au niveau du jeu, ces deux sports se jouent en extérieur sur des terrains de sports qui font que les joueurs doivent beaucoup courir et se dépenser pendant deux mi-temps sensiblement de la même longueur. Dans ces deux sports, il faut se passer un ballon pour essayer de marquer contre le camp adverse.

Les joueurs de ces deux sports se présentent au sein d'une équipe nombreuse qui compte plus de 10 joueurs. Avec une telle abondance de joueurs, il est difficile aux stars de briller par leur talent individuel – quoique cela soit quand même possible – car le succès passe d'abord et surtout par la cohésion du groupe, par le travail du collectif autour d'un capitaine qui prend les décisions sur le terrain.

La popularité de ces deux sports n'est plus à démontrer: celle du football notamment: la vitesse à laquelle se répand ce sport dans tous les pays et dans tous les milieux est impressionnante. Des zones où autrefois le ballon rond était pratiquement inconnu – notamment en Asie – sont devenues en très peu de temps des régions où la fièvre de ce sport a tout révolutionné. Pour sa part, le rugby a suivi, durant les récentes années, une évolution quantitative impressionnante sur plusieurs théâtres comme l'Europe de l'Est et l'Asie. Cet éveil rugbystique a surgi à la suite de la création de la première coupe du monde de rugby en 1987 ainsi que de l'instauration récente du statut professionnel de ce sport resté amateur jusqu'aux toutes dernières années du 20e siècle.

Enfin, on ne peut pas ne pas parler de la violence concernant ces deux sports. La violence qui existe autour du football s'exerce dans les gradins parmi les hooligans dont les débordements inquiètent les gouvernements qui doivent agir avec fermeté pour les maîtriser. En ce qui concerne le rugby, la violence – s'il existe une telle notion dans ce sport – est sur le terrain dans les contacts entre joueurs de ce sport de conquête et de choc. C'est ce qui lui donne un aspect de sport de combativité… maîtrisée.

Ainsi donc, il est évident que ces deux sports ont, d'une manière générale, des ressemblances évidentes. Cependant, ce sont les différences qui sautent surtout aux yeux.

Le terrain de rugby est plus long que le terrain de football, surtout si l'on y ajoute la surface de l'en-but derrière les poteaux sans équivalent en football. Cet élément, ajouté au fait que le rugby est un jeu de contact viril alors que le football est plutôt un jeu d'évitement explique peut-être que le match de rugby dure deux mi-temps de 40 minutes contre deux mi-temps de 45 minutes pour le football. De plus, la grande différence entre ces deux sports consiste dans la forme du ballon: rond pour le football et ovale pour le rugby. Cette singularité entraîne tout le reste car là où le football reste un sport assez prévisible, le rugby, à l'image des rebonds inattendus et incontrôlables du ballon, demeure un sport où l'imprévisible reste incontournable.

Le nombre de joueurs d'une équipe de rugby est de 15 (abstraction faite du rugby à XIII) alors qu'il est de 11 au football. La différence de quatre joueurs peut sembler minime, mais elle a une grande signification au niveau de la couverture du terrain. Il semble qu'en rugby, la spécialisation du joueur (attaquant ou défenseur, avant ou arrière) soit plus marquée qu'en football par la différence essentielle des positions de jeu qui exigent de forts gabarits à certains postes et des gabarits plus modestes à d'autres.

La popularité du football est établie depuis longtemps déjà. Cependant, ce sport continue sa progression constante tout en consolidant ses positions dans les pays depuis longtemps acquis à sa cause. Il a maintenant une dimension planétaire indiscutable. En ce qui concerne le rugby, il convient de relever que, durant les récentes décennies, son ascension a été impressionnante et qu'il jouit d'un regain de ferveur depuis qu'il a entrepris de devenir un sport moderne. Il n'en demeure pas moins en retrait par rapport au football et son audience est beaucoup plus restreinte.

Enfin, que dire des hooligans, ces fanatiques de la violence qui hantent les stades de football? Véritable phénomène sociologique, ces hordes de casseurs constituent une énigme et un véritable défi pour les démocraties. Le rugby, lui, jouit d'une réputation très différente: il est courant de voir des familles avec enfants assister à des rencontres où l'ambiance dans les gradins est très conviviale. La seule violence consiste dans la lutte que se livrent les joueurs entre eux pour la possession du ballon et qui pourrait peut-être bien posséder une vertu cathartique par le spectacle de ce «sport de voyous pratiqué par des gentlemen».

Ainsi, on peut donc affirmer qu'il ne reste pas grand-chose aujourd'hui de l'origine commune de ces deux sports. En fait, plus le temps passe, plus leur popularité semble s'affirmer au niveau planétaire et plus leurs différences se font grandes.

Code   **Points de comparaison = thèmes**

Analyse du texte   voir corrigés p. 146

1. Selon quel raisonnement est construit le deuxième paragraphe?
2. Montrez le développement interne du dixième paragraphe.
3. Mettez en évidence l'aspect binaire du plan.
4. Où la composition bascule-t-elle?
5. Quel est le mot qui marque bien ce basculement?
6. Au par. 10, quels arguments sont développés pour atténuer la violence dans le rugby ?
7. Quel est le danger de ce type de plan?

4. La comparaison

PLAN SEQUENTIEL

LE FOOTBALL ET LE RUGBY 4 *

Le football et le rugby sont deux sports très en vogue de nos jours. Ils sont tous deux nés en Angleterre au 19ᵉ siècle, ce qui explique certaines ressemblances entre eux. Mais malgré leur commune origine, le football offre de grandes différences tant au niveau technique que sociologique par rapport au rugby.

L'histoire du football moderne débute au cours du 19ᵉ siècle. Le premier match international officiel s'est joué en 1904 et le premier titre olympique a été décerné en 1908. Avec le temps, il a dépassé le cadre de la Grande Bretagne et s'est propagé dans de nouvelles contrées, notamment dans les pays d'Amérique du Sud où il est devenu le sport roi. C'est un sport professionnel depuis assez longtemps : l'argent y tient une place énorme et les joueurs des grandes équipes gagnent aujourd'hui des salaires impressionnants.

Le football est un sport assez technique aux règles plutôt simples. Il se joue sur un terrain de sport pendant 2 mi-temps de 45 minutes chacune. Le jeu consiste à se passer un ballon afin de marquer contre le camp adverse. Le ballon utilisé est rond à l'image du sport lui-même qui, dans son ensemble, reste assez prévisible. Une équipe de football a onze joueurs dont un seul, le gardien, a le droit de toucher le ballon avec ses mains. Pour les autres joueurs, le contrôle du ballon se fait donc principalement avec les pieds. Les joueurs sont attaquants ou défenseurs selon leur position sur le terrain mais aucun poste spécifique n'exige de caractéristique physique vraiment spéciale. Ainsi, le football est un sport d'adresse et de finesse agréable à regarder.

La popularité du football a maintenant acquis une dimension planétaire indiscutable et la vitesse à laquelle ce sport continue à se répandre dans tous les pays et dans tous les milieux est impressionnante. Des zones où autrefois le ballon rond était pratiquement inconnu – notamment en Asie – sont devenues des régions ferventes de ce sport. Il semble n'y avoir aucune limite à ce phénomène de propagation universelle.

Au milieu d'un tel tableau idyllique, un problème majeur existe qui ternit énormément l'image du football : la violence dans les stades. Car la violence dans le football existe, mais non sur le terrain où les joueurs sont en général très corrects. C'est dans les gradins qu'explose la violence des hooligans dont les débordements semblent assez difficiles à maîtriser. Ce phénomène inquiète les dirigeants des gouvernements. Dans certains pays, des mesures drastiques ont été mises en place au niveau national pour contenir ce phénomène.

Même si le premier match international de rugby a eu lieu en 1871, l'histoire de ce sport est un peu plus courte que celle du football pour une simple raison historique : le rugby s'est développé à partir d'un incident lors d'un match de football en 1823 : un joueur a décidé soudain de prendre le ballon dans ses mains et de marquer ainsi. Un nouveau sport était né. Et comme cela se passait dans la ville de Rugby en Angleterre, on lui donna ce nom-là. L'évolution du rugby est restée une chose très britannique et, à l'exception notable de la France, c'est surtout dans les pays anglophones du Commonwealth que le jeu s'est développé au début.

Le rugby est un sport très technique avec de nombreuses règles. Il se pratique sur un immense terrain de jeu comprenant une zone d'en-but derrière les poteaux, qui fait aussi partie de l'aire de jeu. Une rencontre dure deux mi-temps de 40 minutes chacune. Le ballon utilisé est de forme ovale, ce qui fait qu'il est très difficile à contrôler avec des rebonds inattendus et imprévisibles, à l'image de ce sport lui-même. En rugby, il y a quinze joueurs dans une équipe et tous ont le droit d'utiliser leurs pieds et leurs mains pour manier le ballon. Quoiqu'une certaine adresse soit nécessaire en rugby, c'est aussi un sport de contact où les joueurs se jettent les uns sur les autres avec une farouche détermination. Ici, selon le poste du joueur, certaines caractéristiques physiques de poids ou de taille sont nécessaires pour assurer la conquête du ballon dans les phases de la mêlée ou de la touche notamment.

Dans les dernières décennies du 20e siècle, la popularité du rugby a été en constante expansion sur plusieurs théâtres comme en Europe de l'Ouest dans des pays traditionnellement inféodés au football comme l'Italie ou l'Espagne, mais aussi en Europe de l'Est et en Asie. Cet éveil rugbystique a surgi suite à la création de la première coupe du monde de rugby en 1987 ainsi qu'à l'instauration récente du statut professionnel de ce sport resté amateur jusqu'au seuil du troisième millénaire.

En ce qui concerne le rugby, la violence – si l'on peut donner un tel nom au sujet du phénomène concernant ce sport – est le sujet d'un malentendu: sur le terrain, dans les contacts entre joueurs de ce sport de conquête, les chocs entre joueurs, surtout dans les phases rugueuses de la mêlée fermée, sont impressionnants. Pourtant, ils ne donnent généralement lieu à aucune blessure grave. Le rugby, ce «sport de voyous joué par des gentlemen» a un aspect de sport de combativité… maîtrisée, que le non-initié a peine à voir comme tel.

Ainsi donc, ces deux sports se distinguent par leurs grandes différences et il reste aujourd'hui peu de choses de leur origine commune. Tous deux semblent promis à un bel avenir à l'orée du troisième millénaire. Il est en tout cas évident que ces deux sports drainent deux audiences bien distinctes au niveau mondial et que le football et le rugby vont continuer à augmenter leur popularité sans se faire de l'ombre.

Code   **Points de comparaison = thèmes**

Analyse du texte   voir corrigés p. 146

1 Pourquoi cette composition est-elle si longue?
2 Quel est le danger de ce type de plan?
3 Au paragraphe 3, quel mot annonce la conclusion?
4 Au paragraphe 7, mettez en évidence la restriction.
5 Au paragraphe 9, mettez en évidence l'atténuation.
6 Où la composition bascule-t-elle?
7 Dans la conclusion, quels éléments augurent d'un futur prometteur pour ces deux sports?

PLAN ALTERNÉ

LE FOOTBALL ET LE RUGBY 5 *

Le football et le rugby sont deux sports très en vogue de nos jours. Ils sont tous deux nés en Angleterre au 19e siècle, ce qui explique certaines ressemblances entre eux. Mais malgré leur commune origine, ils offrent aussi de grandes différences tant au niveau technique que sociologique.

L'origine de ces deux sports est profondément ancrée dans l'histoire de la Grande Bretagne. Le football moderne est apparu au cours du 19e siècle et la première ébauche de création de règles pour ce sport date de 1848. Son parcours paraît déjà long vu que le premier match international officiel a été joué en 1904 et le premier titre olympique décerné en 1908. Par contre, c'est en 1823 que l'histoire du rugby naît. En effet, cette année-là, lors d'une rencontre de football, William Webb Ellis se saisit soudain du ballon avec les mains et marqua un but. Ceci se passait dans la ville anglaise de Rugby, d'où l'appellation du sport qui venait de naître.

Avec le temps, le football a dépassé le cadre de la Grande Bretagne et s'est propagé hors d'Europe dans de nouvelles contrées et notamment dans les pays d'Amérique du Sud où il est devenu le sport roi. D'une manière générale et à l'exception notable de la France, le rugby est resté jusque vers la fin du 20e siècle une chose très britannique car c'est surtout dans les pays anglophones du Commonwealth que le jeu s'est développé. Enfin, le football est un sport professionnel depuis assez longtemps: il brasse aujourd'hui des sommes d'argent colossales et les joueurs des grandes équipes gagnent des salaires faramineux. Le rugby, quant à lui, a attendu les toutes dernières années du 20e siècle pour devenir professionnel et il en est encore aux balbutiements de cette nouvelle aventure.

Les règles du jeu comportent, pour les deux sports, 2 mi-temps de durée quasi-semblable: chacune dure 45 minutes dans un match de football et 40 minutes dans un match de rugby. Le jeu se déroule sur un terrain de sport aux dimensions impressionnantes: pour le football, 120 mètres de long sur 90 de large au maximum et pour le rugby, environ 120 mètres de long sur 70 de large au maximum. Le jeu consiste pour les deux sports à marquer contre le camp adverse en se passant un ballon de forme ronde en football et de forme ovale en rugby. Au-delà de la forme du ballon, on peut voir une valeur symbolique indiquant que le football est un sport au déroulement assez prévisible en comparaison du rugby, qui, à l'image de son ballon aux rebonds inattendus et fantasques, est un sport assez imprévisible.

En football, seul le gardien de but sur les 11 joueurs que contient l'équipe a le droit de toucher le ballon avec ses mains. Pour les autres joueurs, le contrôle du ballon se fait principalement avec les pieds. Il ressort que le football est un sport d'adresse et de finesse agréable à regarder. Les joueurs sont attaquants ou défenseurs selon leur position sur le terrain mais aucun poste spécifique n'exige de caractéristique physique spéciale. En rugby, les 15 joueurs ont le droit de manier la balle à la main ou au pied. C'est un sport de contact où les joueurs s'entrechoquent avec une farouche détermination. Pour certains postes, des caractéristiques physiques de poids ou de taille sont nécessaires pour assurer la conquête du ballon, dans les phases de la mêlée ou de la touche notamment.

La popularité du football a maintenant acquis une dimension planétaire indiscutable. Ce sport continue à se propager dans tous les pays et dans tous les milieux à une vitesse impressionnante. Des zones où autrefois le ballon rond était pratiquement inconnu – notamment en Asie – sont devenues des régions ferventes de ce sport. Il semble n'y avoir aucune limite à ce phénomène de propagation universelle. Pour sa part, le rugby n'est pas en reste: dans les dernières décennies du

20ᵉ siècle, sa popularité a été en constante expansion sur plusieurs théâtres comme en Europe de l'Ouest dans des pays traditionnellement inféodés au football comme l'Italie ou l'Espagne, mais aussi en Europe de l'Est et en Asie. Cet éveil rugbystique a surgi à la suite de la création de la première coupe du monde de rugby en 1987 ainsi que de l'instauration récente du statut professionnel de ce sport resté amateur jusqu'aux toutes dernières années du 20ᵉ siècle.

Au milieu d'un tel tableau idyllique, un problème majeur existe qui ternit énormément l'image de ces deux sports: la violence. Il ne s'agit pas du tout du même phénomène entre les deux sports car là où les joueurs de football se comportent comme des gentlemen, les joueurs de rugby semblent se comporter comme des voyous de par les règles même du sport. D'autre part, là où les spectateurs de rugby sont d'une gaieté et d'une gentillesse qui font souvent venir dans les stades des jeunes et des familles entières, il règne, dans les stades de football un cancer qui s'appelle les «hooligans». Cette violence du football, on la trouve dans les gradins parmi les casseurs dont les débordements semblent assez difficiles à maîtriser. Ce phénomène inquiète les dirigeants des gouvernements. Dans certains pays, des mesures drastiques ont été mises en place au niveau national pour essayer de contenir ce phénomène. En ce qui concerne le rugby, la violence – si l'on peut donner ce nom à ce phénomène – est le sujet d'un malentendu: sur le terrain, dans les contacts entre joueurs de ce sport de conquête, les chocs, surtout dans les phases rugueuses de la mêlée fermée, sont impressionnants. Pourtant, ils ne donnent généralement lieu à aucune blessure grave. Le rugby, ce «sport de voyous pratiqué par des gentlemen» a un aspect de sport de combativité... maîtrisée, que le non-initié a peine à voir comme tel.

Ainsi donc, ces deux sports se distinguent par leurs grandes différences et il reste aujourd'hui peu de choses de leur origine commune. Tous deux semblent promis à un bel avenir. Il est en tout cas évident qu'il y a bien deux audiences distinctes au niveau mondial et que le football et le rugby vont continuer à augmenter leur popularité sans se faire de l'ombre.

Code   **Points de comparaison = thèmes**

Analyse du texte   voir corrigés p. 146

1. Combien de thèmes sont développés en tout? Sur combien de paragraphes?
2. Quels sont les thèmes développés sur plus d'un paragraphe?
3. Quelle différence au niveau du thème peut-on faire entre les paragraphes 2 et 3?
4. Quel est le développement interne du paragraphe 7 ? Mettez-le en évidence.
5. Commentez l'élargissement de la conclusion.

PLAN ALTERNÉ

LA CÔTE D'AZUR ET LA CÔTE BASQUE

La Côte d'azur et la Côte basque sont deux régions qui évoquent bien des connotations magiques et prestigieuses. Leur situation géographique, leur climat, la beauté de leur site et l'art de vivre de leurs habitants sont les facteurs qui rendent ces régions si connues.

Ces deux zones touristiques sont des régions périphériques de l'Hexagone. De par leur situation géographique, elles jouxtent toutes deux une frontière avec un pays étranger et sont un passage obligé des flots de population, la Côte d'azur vers l'Italie et la Côte basque vers l'Espagne. Elles sont aussi toutes deux des zones dynamiques, en plein développement économique dans lequel le tourisme n'est qu'une facette de leur multiple activité.

Le climat dont jouissent ces deux régions est pour beaucoup dans l'image favorable que l'on se fait d'elles: en effet, la renommée touristique qu'elles se sont bâtie repose en grande partie sur l'attirance que représente la douceur de leurs saisons. Chacune a un climat spécifique: sur la Côte d'azur, il fait beau et sec toute l'année et très chaud en été. Une des caractéristiques locales est le Mistral, ce vent qui vient du nord et qui, lorsqu'il souffle, peut être très violent. La Côte basque reçoit la pluie de l'océan et peut avoir des étés au temps variable. Mais le climat y est modéré et, en hiver, on y relève très souvent les plus hautes températures de France.

Si le climat est certainement un attrait de ces régions, il ne faut pas oublier qu'elles sont toutes deux d'une beauté offrant de magnifiques vues et panoramas: des Préalpes, on a des coups d'œil sur toute la Côte d'azur et l'on voit les villes du littoral s'étaler très loin vers l'Italie ou vers Marseille. La Côte basque est aussi située entre montagnes et océan: du sommet de la Rhune on peut découvrir une vue superbe: la Côte basque épouse le contour du golfe de Gascogne qui descend du nord et repart, en Espagne, vers l'ouest le long des Monts cantabriques.

L'art de vivre de ces contrées n'est plus à décrire. L'accent est mis sur la qualité de la vie à laquelle on sacrifie beaucoup de choses: la Côte d'azur se situe en Provence où les gens sont fort connus pour leur décontraction, leur bagout et leur goût de la vie. Sur la Côte basque, on trouve une forte empreinte de la culture basque qui est très typée tant dans ses manifestations folkloriques que culinaires. L'influence de l'Espagne est forte et l'on peut particulièrement la voir dans l'accent mis sur la fiesta dont les fêtes de Bayonne sont l'expression la plus connue.

En conclusion, il faut reconnaître que ces deux régions sont toutes deux charmantes et offrent des avantages uniques en leur genre. Ce sont deux destinations touristiques prisées ainsi que deux terres de prédilection pour résidents à l'année.

Code   **Points de comparaison = thèmes**

Analyse du texte   voir corrigés p. 146

1   Combien de thèmes sont développés en tout? Sur combien de paragraphes?
2   Comparez le développement interne des paragraphes 2,3,4,et 5.

COMPOSITION A ANALYSER

INTERNAT ET EXTERNAT

De nos jours, l'internat semble revenir à la mode. Plutôt que de vivre à la maison, certains jeunes choisissent délibérément d'aller en internat. Qu'est-ce qui motive donc un tel choix? Pour quelles raisons peut-on préférer vivre en internat alors même qu'on a la possibilité de rester à la maison et de vivre l'école comme externe?

Paradoxalement, c'est peut-être pour des raisons d'indépendance que certains jeunes cherchent à «s'enfermer» dans des internats: en effet, les adolescents supportent parfois mal l'autorité des parents surtout lorsqu'ils doivent vivre à la maison. Alors, l'éloignement du foyer familial peut être vécu comme un soulagement. Cependant, cette situation est, jusqu'ici, le fait d'un nombre assez restreint de jeunes car la majorité d'entre eux semblent supporter assez bien la cohabitation avec leurs parents et s'accommoder d'une telle situation.

En effet, la vie en internat présuppose l'acceptation d'une discipline présentée sous forme de règlement interne auquel chacun doit se soumettre: il faut cependant préciser que l'internat répressif est en voie de disparition au profit d'un internat plus humain. Or, cette discipline de l'internat est précisément ce qui devient un atout énorme: certains, grâce à l'encadrement offert, évitent de tomber dans la délinquance, et d'autres dans la nonchalance qui s'accommode mal avec l'étude. Même les parents trouvent des avantages en ceci que la semaine se passe sans tensions – ce qui n'est pas toujours le cas avec les enfants externes – et les week-ends deviennent des moments où l'on peut profiter davantage des enfants revenus à la maison. Car beaucoup de parents dont les enfants vivent à la maison doivent assumer la présence de leurs enfants pendant les années difficiles de l'adolescence, ce qui n'est pas une sinécure, loin de là.

Concernant l'aspect académique, le grand intérêt de l'internat est le fait qu'il existe des études obligatoires et à heures fixes chaque jour de la semaine. Cela aide énormément les élèves brouillons ou nonchalants à se prendre en main et à s'organiser. En externat, l'élève est souvent seul avec ses livres, avec des parents trop occupés ou pas assez compétents pour l'aider à faire ses devoirs. Il se retrouve aussi face à toutes les tentations à portée de main (télévision, radio, jeux vidéo, etc.) qui sont autant d'obstacles à la concentration sur les études.

En conclusion, vivre en internat semble être un avantage réel si l'enfant est consentant et s'il en retire des avantages pour lui-même. Car un internat imposé peut provoquer des situations explosives et aigrir des jeunes qui risquent, par la suite, de développer et de nourrir des attitudes de rejet ou d'inadaptation. Il semble donc que, selon le tempérament de l'enfant, l'internat puisse être la meilleure solution et il est heureux qu'il existe ainsi les deux possibilités d'étudier en internat ou en externat.

Analyse du texte voir corrigés pp. 146-7

1 Quel type de plan comparatif est appliqué ici?
2 Quels thèmes sont développés? Sur combien de paragraphes?
3 Y a-t-il une prise de position dans la conclusion?

COMPOSITION A ANALYSER

MERCEDES ET VW

Les voitures allemandes ont une excellente réputation dans le monde entier. Elles sont très prisées et à la portée de toutes les bourses grâce à un éventail de constructeurs aussi différents que Mercedes et Volkswagen que l'on pourrait situer aux deux extrêmes. Pourtant, ces deux marques de voitures ont un grand nombre de ressemblances et peut-être bien qu'il y a en fait plus de choses semblables entre elles qu'on ne le pense généralement.

Ces deux marques ont un label de qualité indéniable par le seul fait qu'elles sont allemandes, ce qui dans le monde de l'automobile est un critère d'excellence. La robustesse, la fiabilité, le confort, autant de qualités typiques de l'industrie d'outre-Rhin que l'on retrouve aussi bien dans les petites cylindrées de VW que dans les voitures de luxe de Mercedes. Car la grande différence entre les deux fabricants est une question de statut: la Mercedes s'adresse à une clientèle de gens qui ont les moyens et pour qui une voiture est une sorte de façade sociale. La philosophie de Volkswagen est tout autre: conçue à la fin de la deuxième guerre mondiale, à l'époque de la privation et de la pauvreté, l'idée du constructeur était de produire une voiture simple et pratique à la portée de toutes les bourses.

Le résultat est que la clientèle des deux marques automobiles a été, pendant toutes les décennies passées, totalement différente: Mercedes était la préférée des gens riches, puissants, et de tous ceux qui voulaient montrer leur statut social: posséder une Mercedes équivalait à crier sa réussite. A l'autre bout de la chaîne, Volkswagen a produit toute une gamme de voitures très pratiques et abordables à Monsieur tout le monde. La popularité de VW a bien sûr débordé les frontières de l'Allemagne et s'est propagée aux classes sociales laborieuses du monde entier de la même manière que Mercedes est devenu l'apanage des grands de ce monde.

Cependant, la société bouge et les besoins des gens aussi. Avec le monde industriel en pleine évolution, les gens sont devenus plus exigeants et le phénomène de la femme qui travaille hors du foyer a provoqué la demande d'une seconde voiture plus petite pour la famille (du type VW Golf) à côté de la voiture du chef de famille (une Mercedes généralement). Les deux marques de voiture ont donc opéré un changement de stratégie: les constructeurs n'ont pas pu résister à la tentation de se lancer dans le segment qui n'était pas le leur traditionnellement afin de contrôler toute la gamme et d'augmenter leur profit.

On a ainsi vu Mercedes mettre en place une stratégie orientée vers le bas de gamme et créer la Mercedes classe A pour répondre aux besoins de ceux qui veulent une voiture plus modeste que la Mercedes traditionnelle. Pour sa part, Volkswagen a aussi revu en partie sa philosophie de départ: aujourd'hui, le but déclaré de cette firme est de devenir la meilleure même dans le segment des voitures de luxe. Ce constructeur autrefois populaire affiche donc de soudaines ambitions qui sont à l'opposé de sa vision de départ et qui sont donc susceptibles d'entraîner de grands bouleversements.

Aujourd'hui, la situation est vraiment paradoxale et l'on peut vraiment se demander si le défi de Volkswagen réussira. Cependant, avec le lancement de la Passat W8 puis de la berline Phaeton W 12 et V10 TDI, ensuite du tout-terrain Touareg et enfin du coupé de luxe Nardo, Volkswagen semble bien outillé pour réussir dans cette entreprise osée mais excitante. Bien sûr, le défi est énorme et il sera plus difficile à Volkswagen de pénétrer le segment de luxe qu'à Mercedes d'investir le segment bas de gamme. Mais après tout, si l'usager doit bénéficier de cette nouvelle offre, alors vive la concurrence et bon succès à la «voiture du peuple» ! Espérons donc que tant Mercedes que Volkswagen réussiront leur mutation !

Analyse du texte voir corrigés p. 147

1 Quel type de plan comparatif est appliqué ici?
2 Nommez les thèmes étudiés.
3 Combien de thèmes sont développés en tout? Sur combien de paragraphes?
4 Quel thème est développé sur plus d'un paragraphe?
5 Qu'indique le mot «cependant» au début du 4ᵉ paragraphe?
6 Quel mot montre la continuité du même développement dans le paragraphe 5?
7 Commentez l'élargissement de la conclusion.

COMPOSITION A ANALYSER

COURRIER POSTAL ET COURRIER ELECTRONIQUE

Les progrès de la technologie ont permis assez récemment l'apparition d'une nouvelle forme de communication: le courrier électronique dit aussi courriel. Ce dernier se distingue grandement de son concurrent, le courrier postal. Peut-on, avec l'évolution continue technologique, envisager dans le futur la disparition du courrier postal au profit du courrier électronique?

D'un point de vue social, les deux modes de courrier sont à l'opposé l'un de l'autre. Pour beaucoup de gens vivant dans les endroits retirés de la campagne, le facteur qui amène les nouvelles est le seul contact régulier avec le monde extérieur. A ce titre, le courrier postal joue donc un rôle social important et il se lie souvent des liens très étroits entre la population et son facteur. Au contraire, le rapport par courrier électronique n'implique aucun contact physique entre les personnes. La communication se fait en général par l'entremise d'un écran d'ordinateur. On reçoit quelques lignes du correspondant sur l'écran par l'intermédiaire d'un serveur informatique invisible. Tout cela relève du monde de l'anonymat.

Au niveau du prix de revient de ces modes de communication, le courrier postal nécessite l'achat d'enveloppes et de timbres. Un envoi en recommandé exige une taxe spéciale mais les frais demeurent somme toute assez modérés et le coût du courrier postal est à la portée de toutes les bourses. En ce qui concerne le courrier électronique, il faut posséder un équipement de base qui inclut en général un ordinateur et un modem afin d'accéder à Internet. Cet investissement, qui est assez conséquent et auquel il faut ajouter les taxes téléphoniques, fait que tout le monde ne peut pas se permettre l'accès au courrier électronique. Cependant, l'évolution technologique récente permet maintenant de se brancher directement sur Internet à partir des téléphones portables, ce qui fait que le prix de l'équipement est en passe de devenir beaucoup plus accessible.

C'est au niveau pratique que la communication informatique révèle d'étonnantes avancées: plus besoin de se rendre dans un bureau de poste ni d'acheter enveloppes ou timbres, plus de contrainte d'heures ouvrables, plus de contrainte géographique car on peut, même en plein cœur du Sahara, établir une liaison par satellite pour envoyer ou recevoir des courriels à volonté. De plus, la rapidité d'envoi est extrême et la réception à l'autre bout du monde est quasi instantanée. Plus de peur non plus de voir son courrier perdu ou dérouté, car en cas de non réception, un message en avertit automatiquement l'expéditeur.

Le seul domaine où le courrier postal se révèle indispensable est celui du service des colis et des paquets, car la livraison à domicile est un domaine où le courrier électronique ne peut accéder. Mais force est de constater qu'à cette exception près, le courrier électronique risque fort de devenir tôt ou tard le courrier obligatoire de tout un chacun.

Analyse du texte voir corrigés p. 147

1 Quel type de plan comparatif est appliqué ici?
2 Mettez en évidence les aspects thématiques étudiés.
3 Par quelle prise de position se termine la conclusion?

5. LA DIALECTIQUE

Qu'est-ce que la dialectique?

C'est l'ensemble des moyens mis en œuvre dans la discussion en vue de démontrer, réfuter, emporter la conviction. Dans un plan dialectique, il faut présenter des preuves adéquates et convaincantes pour que la position défendue paraisse meilleure que la position contraire.

Toute proposition se présente en général sous deux aspects opposés que l'on appelle généralement thèse et antithèse. Si l'on demande de trouver les avantages et les inconvénients ou les aspects positifs et négatifs de quelque chose, il faut faire une présentation aussi objective que possible.

S'il s'agit de dire si l'on est pour ou contre telle chose, on peut alors plus facilement utiliser des arguments personnels.
Un **argument** est une preuve, une raison qui appuie une affirmation, une thèse, une demande.

PLAN DIALECTIQUE ou ARGUMENTATIF

Le plan dialectique est utilisé pour **convaincre** en argumentant.

Il peut suivre 4 voies:

A plan des avantages (voir **pp. 35-38** pour l'aspect inventaire de ce plan)
Ce plan a pour objectif de mettre en évidence les **avantages**, les côtés **positifs**, le **pour**.

B plan des inconvénients (voir **pp. 35-38** pour l'aspect inventaire de ce plan)
Ce plan a pour objectif de mettre en évidence les **inconvénients**, les côtés **négatifs**, le **contre**.

C plan binaire (avantages - inconvénients)
Ce plan a pour objectif de présenter les **avantages** puis les **inconvénients** ou vice versa.

D plan alterné
Comme le précédent, ce plan se propose de présenter aussi les avantages et les inconvénients. Cependant la présentation se fait à partir de différents thèmes. A l'intérieur de chaque thème, on étudiera donc les avantages et les inconvénients liés au thème en question avant de terminer, si possible, avec une courte conclusion à la fin de chaque partie thématique.

MODELES DE PLAN

A PLAN DES AVANTAGES: AVANTAGES DES EXAMENS   p. 86

Introduction

Développement:
I 1er avantage   le cadre de référence est susceptible d'évacuer la tension nerveuse.
II 2e avantage   le système est juste car il y a égalité devant le programme à étudier.
III 3e avantage   l'objectivité par rapport à un même standard.

Conclusion

Explication: Chaque avantage est étudié dans un paragraphe différent, ce qui revient à adopter un plan classification (voir page 38).

B PLAN DES INCONVENIENTS :

INCONVENIENTS DES EXAMENS   p. 87

Introduction

Développement:
- I   1er inconvénient   la pression psychologique inévitable favorise les plus calmes
- II   2e inconvénient   le système laisse une certaine place à la chance, voire au hasard
- III 3e inconvénient   le degré de subjectivité possible, surtout aux examens oraux

Conclusion

Explication: chaque inconvénient est étudié dans un paragraphe différent, ce qui revient à adopter un plan classification (voir page 38).

C PLAN BINAIRE :

AVANTAGES ET INCONVENIENTS DES EXAMENS 1   p. 88

Introduction

Développement:
A Les **avantages**
- I   1er thème   **facteur calmant**   le cadre est susceptible d'évacuer la tension nerveuse
- II   2e thème   **prévisibilité**   tous sont à égalité devant le programme à étudier
- III 3e thème   **objectivité**   un standard rend l'objectivité plus facile à appliquer

B Les **inconvénients**
- I   1er thème   **facteur dérangeant**   la pression psychologique défavorise les moins calmes
- II   2e thème   **les impondérables**   le système laisse une place à la chance, voire au hasard
- III 3e thème   **subjectivité**   un degré de subjectivité est possible, surtout aux oraux

Conclusion   Les examens présentent plus d'inconvénients que d'avantages, sauf si l'on adopte un système de contrôle continu.

Explication: on **développe** tour à tour les avantages puis les inconvénients (ou vice versa). À l'intérieur des avantages, on présente différents thèmes que l'on reprendra, chacun à son tour et sous la forme de son pendant contraire dans la partie réservée à l'analyse des inconvénients.

Ici, on présente d'abord les avantages, ce qui implique que les inconvénients, étudiés en dernier, auront plus de poids dans la prise de position finale. (Dans le cas contraire, on aurait présenté d'abord les inconvénients).

Avantages du plan binaire : Ce plan est intéressant car il présente les choses très clairement par la séparation des avantages et des inconvénients en deux blocs distincts.

Inconvénients du plan binaire : il réside, comme dans tout plan binaire, dans le fait que les éléments qui sont mis en parallèle et donc qui se répondent (ici le 1er avantage répond au 1er inconvénient, etc.) se trouvent assez éloignés les uns des autres.

D PLAN ALTERNE :

AVANTAGES ET INCONVENIENTS DES EXAMENS 2   p. 91

Introduction

Développement:
I   **1ᵉʳ thème**   I **pression psychologique**
       a **inconvénients**   a favorise les plus calmes
       b **avantages**   b préparation à la vie

II **2ᵉ thème**   II **équité**
       a **inconvénients**   a chance, voire hasard en partie inévitable
       b **avantages**   b pas de favoritisme

III **3ᵉ thème**   III **impartialité**
       a **inconvénients**   a subjectivité parfois présente, surtout à l'oral
       b **avantages**   b objectivité par rapport au même standard

Conclusion

Explication : dans ce plan, on **développe** tour à tour les différents thèmes, à l'intérieur de chacun desquels **on analyse alternativement les avantages et les inconvénients** ou vice versa.

Si l'on finit par les inconvénients, on conclura sur une note négative ; d'autre part, si l'on termine par les avantages, la conclusion terminera par une note positive.

Avantages du plan alterné : l'alternance continue entre inconvénients et avantages d'un même thème permet de garder clairement à l'esprit l'ensemble de ce qui est traité et favorise une étude facilitée du sujet à traiter.

Inconvénients du plan alterné : très peu d'inconvénients à signaler ici.

PLAN DES AVANTAGES

AVANTAGES DES EXAMENS *

De nos jours, la connaissance scolaire est généralement évaluée à l'aide d'examens. Ce système d'évaluation ne fait cependant pas l'unanimité et il est fréquent qu'il soit remis en question par les étudiants mais aussi par les professeurs et parfois même par les parents. En dépit de ces réserves, il est pourtant indéniable qu'il offre de nombreux avantages.

Etudier dans un système scolaire dont les résultats sont évalués par des examens, c'est donner à l'étudiant un cadre de référence d'évaluation précis et rationnel. Le fait de connaître le contenu de la matière à étudier et la date des examens est un premier avantage qui doit permettre à tous les étudiants de travailler en toute sérénité et en évacuant au maximum la tension nerveuse qui est causée principalement par les examens. Dans la mesure où ce cadre de référence est clair et bien utilisé, il enlève pratiquement tout arbitraire et se révèle une source de sécurité pour les étudiants.

Un autre avantage dérivé de l'administration d'examens pour évaluer la connaissance et l'assimilation de données est que ce système est juste dans la mesure où tous les étudiants d'une même classe ou d'un même programme sont confrontés au même programme et au même test. En principe, personne n'est donc avantagé et chacun peut se comparer aux autres à l'aune des mêmes critères. Les étudiants travailleurs ont en général les meilleures chances de réussite et risquent en toute logique d'être récompensés de leurs efforts. Le résultat est un indicateur de l'effort fourni.

Le dernier avantage que l'on peut citer concerne le critère d'objectivité: ceci est particulièrement vrai pour les examens écrits ou pour les concours au sujet desquels l'anonymat est une règle absolue qui garantit précisément ce facteur d'objectivité. Ce système d'examens permet que le correcteur soit le plus objectif possible, en comparant tous les étudiants à un même standard. De cela découle une approche scientifique de correction. Il est vrai que les examens oraux peuvent comporter une certaine dose de subjectivité due à la confrontation physique entre examinateur et examiné. Il est donc évident que la correction d'examens oraux est assez délicate mais, sur le principe, l'examinateur se doit de rester objectif dans tous les cas.

Le système d'évaluation basé sur les examens offre certains avantages très intéressants qui permettent d'assurer une certaine équité entre les étudiants. Un examen renseigne l'étudiant sur un grand nombre d'éléments: il peut lui indiquer tout ce qu'il sait, il peut lui révéler tout ce qu'il ignore encore, il peut montrer des lacunes insoupçonnées, il peut permettre de s'habituer aux situations stressantes, il peut aider à gérer le temps, l'angoisse, la mémoire. Tous ces facteurs sont formateurs de la personnalité de l'étudiant qui, s'il les utilise bien, peut progresser dans la vie. Ces avantages sont assez importants pour justifier les examens pendant l'apprentissage scolaire.

Code   avantages

Analyse du texte   voir corrigés p. 147

1   Comment est bâtie l'introduction?
2   Montrez les mots qui font de ce plan dialectique aussi un plan de classification
3   Quels sont les thèmes étudiés?
4   Au paragraphe 4, quelle est la réserve exprimée?

PLAN DES INCONVENIENTS

INCONVENIENTS DES EXAMENS *

De nos jours, la connaissance scolaire est généralement évaluée à l'aide d'examens. Pourtant, ce système d'évaluation est souvent remis en question et notamment à notre époque où certaines méthodes pédagogiques prônent l'abandon pur et simple des examens. Quels sont donc les inconvénients des examens qui mobilisent contre eux tant d'opposition?

Le système de notation basé sur les examens présente une série d'inconvénients certains. Tout d'abord, il met sur l'étudiant une forte pression psychologique: la date fixée pour l'examen est une date limite butoir que les étudiants ont souvent tendance à envisager sous forme de compte à rebours. C'est donc par rapport à cette date que se développe le bachotage. De plus, les étudiants nerveux deviennent encore plus nerveux et peuvent perdre leur calme jusqu'à paniquer, ce qui les défavorise grandement par rapport à ceux qui sont calmes de nature. Il faut donc apprendre à gérer le passage du temps et à contrôler cette pression psychologique qui peut faire des ravages.

Un autre inconvénient majeur concernant les examens est que, quoi que l'on fasse et quelles que soient les précautions que l'on prenne pour passer ces examens dans les meilleures conditions possibles, ce système ouvre la porte à la chance dans la mesure où le sujet de l'examen n'est souvent qu'une infime partie du programme à étudier: il peut être un des rares sujets connus du candidat qui se serait livré au bachotage ou qui aurait fait des impasses dans le programme d'examens. Dans ce cas, la note attribuée ne représente nullement la valeur de l'étudiant.

Le hasard peut parfois jouer un rôle: imaginons un étudiant brillant qui a de bonnes notes tout au long de l'année. Ce même étudiant, pour l'examen de fin d'année, vient de vivre des événements personnels graves juste avant l'examen final. Il arrive donc à l'examen dans un mauvais jour pour des raisons personnelles d'ordre médical ou sentimental par exemple. Ainsi, sa performance ne sera pas l'image de sa valeur réelle. Le hasard a donc fait que la synchronisation des différents éléments concernés lui est nettement défavorable.

Enfin, un certain degré de subjectivité chez le correcteur n'est pas à exclure, surtout dans les examens oraux où une foule de facteurs peuvent influencer la décision du correcteur de par le contact personnel avec le candidat. Or, la raison d'être des examens est précisément de donner un verdict purement objectif et donc juste. C'est pourquoi l'anonymat est une certaine garantie d'objectivité lorsqu'il est appliqué à la correction des épreuves écrites d'examens.

Le système d'évaluation basé sur les examens soulève de nombreuses questions dont certaines peuvent parfois présenter des aspects contraignants pour les étudiants. Administrer des examens n'est certes pas sans risque. Cependant, peut-on vraiment concevoir un système d'enseignement basé sur une évaluation dont les examens seraient complètement exclus?

Code   inconvénients = thèmes

Analyse de texte   voir corrigés p. 147

1 Quels inconvénients auraient peut-être pu être regroupés dans le même paragraphe?
2 Au paragraphe 2, quelles sont les conséquences de la pression psychologique?
3 Quel mot montre la fin de la série des inconvénients?
4 Quel procédé est utilisé dans l'élargissement de la conclusion?

PLAN BINAIRE

AVANTAGES ET INCONVENIENTS DES EXAMENS 1 *

De nos jours, la connaissance scolaire est généralement évaluée à l'aide des examens. Pourtant, ce système d'évaluation est souvent remis en question et notamment à notre époque où certaines méthodes pédagogiques prônent l'abandon pur et simple des examens. Quels sont donc les avantages et les inconvénients des examens dans l'évaluation des connaissances?

Etudier dans un système scolaire dont les résultats sont évalués par des examens, c'est donner à l'étudiant un cadre de référence d'évaluation clair et rationnel. Le fait de connaître la matière à étudier et la date des examens permet à tous les étudiants de travailler en toute sérénité et en évacuant au maximum la tension nerveuse qui est causée principalement par les examens.

Un autre avantage dérivé des examens est que ce système est juste dans la mesure où tous les étudiants d'une même classe ou d'un même programme sont confrontés au même programme et à la même épreuve. Personne n'est donc avantagé et les résultats sont attribués aux plus méritants en toute justice: celui qui a travaillé est en toute logique récompensé selon l'effort qu'il a fourni.

Enfin, pour les examens écrits, ce système d'examens permet au correcteur d'être le plus objectif possible, en comparant les étudiants selon un même critère. De cela découle une approche scientifique de correction, même si les examens oraux comportent une dose de subjectivité.

Face à cette liste d'avantages, le système de notation basé sur les examens présente une série d'inconvénients certains. Tout d'abord, il met sur l'étudiant une pression psychologique évidente: la date fixée pour l'examen est une date limite butoir que les étudiants ont souvent tendance à envisager sous forme de compte à rebours. Les étudiants inquiets ou nerveux sont désavantagés.

Un autre inconvénient majeur concernant les examens est que, quoi que l'on fasse et quelles que soient les précautions que l'on prenne pour passer ces examens dans les meilleures conditions possibles, ce système ouvre la porte à la chance dans la mesure où le sujet de l'examen n'est souvent qu'une infime partie du programme à étudier et peut donc être un des rares sujets connus du candidat qui se serait livré au bachotage. Le hasard joue aussi un rôle dans la mesure où, lors de l'examen, un étudiant peut être dans un mauvais jour pour des raisons personnelles: médicales, sentimentales ou autres, ce qui fait que sa performance ne sera pas à l'image de sa valeur réelle.

Enfin, un certain degré de subjectivité chez le correcteur n'est pas à exclure, surtout dans les examens oraux où une foule de facteurs peut influencer la décision du correcteur de par le contact personnel avec le candidat. Or, la raison d'être des examens est précisément de donner un verdict purement objectif et donc juste. L'anonymat de la correction des épreuves écrites est une certaine garantie d'objectivité dans la correction de ces examens-là.

Le système d'évaluation basé sur les examens offre des avantages évidents qui permettent une certaine équité entre les étudiants. Mais il n'est pas sans présenter des aspects contraignants, voire dommageables, pour les étudiants. Aussi, sans aller jusqu'à éliminer le contrôle de connaissances, la solution ne serait-elle pas de faire des évaluations fréquentes sans note afin de réduire une partie de la pression et de la chance toujours présentes en ces occasions-là?

Code   **thèmes**

Analyse de texte   voir corrigés p. 147

1   Où se situe le basculement du texte? Grâce à quelle expression?

PLAN BINAIRE

POUR OU CONTRE LA TELEVISION

Depuis une quarantaine d'années, la télévision fait partie de notre vie quotidienne. Les adultes et les enfants subissent son influence grandissante. Peut-on dire aujourd'hui qu'elle produit plus d'effets négatifs que positifs?

Si l'on n'y prend pas garde, la télévision risque de se révéler un mauvais maître: ceux qui passent trop de temps devant le petit écran, - ce qui est le cas de trop d'enfants et de beaucoup d'adultes – risquent de devenir de vraies larves, des «couch potatoes» comme on dit en américain. Cet état de fait place le téléspectateur dans un état de passivité aux conséquences fâcheuses: négligence des amis, abandon de la vie sociale, avachissement progressif, substitution du rêve à la réalité, sans oublier le risque d'endoctrinement toujours possible. Les télévisions publiques abusent parfois de leur pouvoir même dans les états démocratiques.

De plus, la télévision peut se révéler nocive, voire dangereuse pour les enfants. Ceux-ci ont parfois de la peine à faire la différence entre la réalité et la fiction. Ceux qui sont livrés à eux-mêmes et se couchent tard voient souvent leurs résultats scolaires devenir catastrophiques. Et la lecture qui est supposée favoriser l'esprit critique est sacrifiée sur l'autel de l'image. Enfin, le déballage de la violence et du sexe peut avoir des conséquences néfastes sur les très jeunes. Trop de télévision crée une dépendance que les enfants sont souvent incapables de contrôler.

Cependant, il est indéniable que la télévision peut avoir des effets très positifs non négligeables si elle est utilisée à bon escient.

Pour les adultes, la télévision peut être un moyen de se cultiver: il existe maintenant des chaînes thématiques qui sont de véritables sources de renseignements sur l'histoire, la religion, la science, etc. Les bouquets de chaînes qu'offrent les satellites exposent les téléspectateurs aux chaînes d'autres pays, ce qui permet l'accès direct à d'autres langues ainsi qu'à d'autres cultures. La télévision peut aussi être un moyen de délassement après le travail ou un dérivatif aux problèmes de la journée: en regardant la télévision, on s'évade du réel.

Les enfants, eux aussi, peuvent s'instruire par la télévision car ils ont accès à des choses différentes, nouvelles et intéressantes. Ils peuvent beaucoup apprendre en sélectionnant les programmes ou les chaînes éducatives. Dans certaines chaînes à valeur culturelle, on peut ainsi glaner une excellente culture générale. Mais pour les enfants, la télévision est surtout appréciée pour son côté ludique: les dessins animés, en particulier, sont une source merveilleuse de beaucoup de joie.

En conclusion, je suis pour la télévision, cet objet presque parfait. Cependant, je pense que c'est un instrument délicat car il peut avoir d'énormes conséquences dans la vie des gens et il faut donc l'utiliser avec circonspection et doigté. Comme dit le proverbe: il faut en user avec modération. C'est donc à chacun de s'organiser afin que la télévision devienne un bon serviteur et non un mauvais maître.

Code	thèmes

Analyse du texte   voir corrigés p. 147

1   Où la composition bascule-t-elle et à l'aide de quel mot?
2   Montrez en quoi ce plan est bien équilibré.
3   Quel parallélisme de structure peut-on tirer entre les paragraphes 5 et 6?

PLAN BINAIRE

POUR OU CONTRE LE MARIAGE

Aujourd'hui, le mariage demeure populaire: même s'il n'est plus aussi fréquent qu'autrefois, il reste un objectif de beaucoup de jeunes. Pourtant, quand on se marie, on pense rarement à toutes les implications d'un tel événement. Car un choix qui doit durer toute la vie mérite une réflexion profonde, et il est sage, avant de se lancer, de peser le pour et le contre d'une telle décision.

Certaines personnes sont contre le mariage, car elles se basent sur ce qu'elles observent autour d'elles et la vue des couples en difficulté – souvent même dans leur propre famille – suffit pour qu'elles se forgent une opinion négative. Le choix d'un partenaire est toujours délicat et prendre un conjoint qui se révèlerait incompatible, c'est se créer mille problèmes pour l'avenir, et probablement une issue malheureuse à ce qui paraît toujours, lors de la cérémonie nuptiale, un des plus grands moments de la vie et la base d'une des plus grandes joies humaines.

D'autres sont contre le mariage par peur, par étroitesse d'esprit ou par principe. Si certains changent parfois d'idée durant leur vie, les célibataires endurcis, eux, ne changent jamais. Est-ce par joie du célibat? Par complexe d'infériorité? Par opposition systématique à la norme? Par angoisse de la vie commune? Ou bien tout simplement par suprême intelligence?

Enfin, il y a ceux qui veulent vivre une vie de liberté totale sans aucune entrave. La mode est à la libération, et il est certain que beaucoup veulent profiter au maximum de la vie à leur guise, sans contrainte, ce qui est incompatible avec la notion du mariage qui implique le partage avec l'autre.

Pourtant, les statistiques montrent que, malgré le grand nombre de divorces, la majorité des gens aiment l'idée du mariage et continuent à se marier. Le mariage continue à jouir d'une grande popularité et le fait de formaliser l'union par une cérémonie tant civile que religieuse, avec robe blanche et réception reste ancrée chez beaucoup de gens.

Car il y a beaucoup de joies et d'avantages dans le mariage: l'amour, les enfants, la sécurité, le foyer, le statut social, etc. Depuis toujours, les deux sexes ont cherché à vivre ensemble, et c'est dans l'union intime de deux êtres que se trouve le vrai bonheur après lequel courent les hommes.

Il est évident que le mariage apporte des contraintes ainsi que des joies. Dans notre société actuelle, le nombre grandissant de divorces peut faire penser qu'on trouve plus facilement l'échec que le bonheur dans le mariage. Apporter la réponse à la question suivante: quelles sont les conditions idéales pour un bon mariage? équivaudrait à résoudre le problème du divorce. Mais encore faut-il se poser la question avant de se marier et discuter de certains détails comme l'âge, le caractère respectif de chacun, les objectifs des deux personnes qui sont autant de choses qui ne peuvent que rendre la vie en couple plus facile.

Code   **thèmes**

Analyse du texte   voir corrigés p. 148

1   Mettez en évidence les thèmes du plan binaire.
2   Ce plan vous paraît-il équilibré?
3   Mettez en évidence les mots du plan classification qui est en parallèle au plan binaire.

PLAN ALTERNE

AVANTAGES ET INCONVENIENTS DES EXAMENS 2 *

De nos jours, la connaissance intellectuelle est généralement évaluée à l'aide d'examens. Ce système d'évaluation est largement utilisé mais a beaucoup de détracteurs. A travers les notions de pression psychologique, d'équité et d'impartialité, on essaiera de décider si les examens offrent plus d'avantages que de désavantages.

En ce qui concerne le problème du stress, si les examens mettent beaucoup de pression psychologique sur les étudiants et par là même tendent à favoriser ceux qui sont de tempérament calme par rapport aux nerveux, ils permettent cependant une approche rationnelle concernant l'administration des examens: avec un calendrier de dates spécifiques et des directives sur les contenus d'examens clairement délimités, les étudiants se sentent plus en confiance et plus sereins.

Pour ce qui est de l'équité, le système semble injuste car la chance peut intervenir dans le choix des sujets d'examens: les étudiants qui étudient sélectivement et font des impasses peuvent tomber sur l'un des rares passages qu'ils ont étudiés. De plus, le hasard joue un rôle en ce que, le jour de l'examen, un étudiant peut être diminué pour des raisons sans rapport avec l'examen (médicales, sentimentales, etc.), et par là même ne pas refléter sa valeur réelle. Cependant, il ne faut pas oublier que ce système est juste puisque les étudiants d'une même classe ou d'un même programme d'études sont confrontés au même test. En principe, il n'y a donc pas de favoritisme.

Un dernier aspect concerne le degré d'impartialité en rapport avec les examens: pour certains, trop de subjectivité est toujours possible de la part de l'examinateur: en corrigeant non seulement les examens écrits mais encore les examens oraux, un nombre de facteurs (comme l'attitude, l'apparence, l'affinité) peut influencer le résultat. Mais malgré tout, ce système d'examens est une garantie d'objectivité car tous les étudiants sont comparés selon les mêmes normes. Ceci est particulièrement évident pour les examens écrits où le facteur subjectif est grandement diminué. Avec ce système, il est possible d'adopter un système scientifique de correction basé sur des critères communs.

Il est évident que l'évaluation basée sur des examens présente certains problèmes pour les étudiants. Cependant, les examens restent une réalité incontournable pour toute évaluation sérieuse. Une manière efficace de se débarrasser des objections majeures à un système comprenant des examens est de mettre sur pied un système basé sur des examens réguliers et continus. Ceci serait une garantie d'une évaluation encore plus logique, juste et impartiale car en multipliant le nombre d'examens, le poids attribué à chacun d'entre eux serait moindre, ce qui diminuerait la pression psychologique à l'approche des examens et réduirait énormément le facteur chance.

Code   thèmes

Analyse du texte   voir corrigés p. 148

1   Montrez en quoi ce plan alterné est aussi un plan inventaire.
2   Quels mots marquent l'opposition à l'intérieur des paragraphes 2, 3 et 4?
3   Quels sont les deux sous thèmes traités au paragraphe 3?
4   Nommez deux domaines où il existe un risque de partialité dans le paragraphe 4.
5   Dans la conclusion, y a-t-il une prise de position?

5. La dialectique

COMPOSITION A ANALYSER

POUR OU CONTRE LA DEMOCRATIE

Parmi les différents systèmes politiques existants, la démocratie est un de ceux qui suscitent à la fois le plus d'espérances et le plus d'interrogations. Cela est dû au fait que la démocratie, basée sur la liberté individuelle, porte dans le principe même de son existence, le germe de la force susceptible de l'abattre. La démocratie est-elle donc un terreau propice à l'agitation et à l'anarchie ou bien le système idéal, paré de toutes les vertus?

Qui dit démocratie dans le monde occidental d'aujourd'hui sous-entend souvent crise économique et chômage. Dans un tel contexte, il n'est pas surprenant que certains nostalgiques regrettent l'époque des dictatures qui offraient certaines garanties comme le plein emploi. Tout cela a disparu avec l'arrivée de la démocratie qui a entraîné dans son sillage les phénomènes du relâchement général des mœurs et l'apparition de maux comme la drogue. De plus, la crise économique à l'orée des années 70 a engendré le chômage qui n'a pu être jugulé et qui, à son tour, a généré la pauvreté, la violence et l'insécurité. La situation d'aujourd'hui, pire que jamais, livre le constat inquiétant que les démocraties se sont montrées incapables de se stabiliser.

Un autre phénomène qui semble fleurir dans les régimes démocratiques est celui de la corruption qui défraye régulièrement les pages des journaux. Le système fait que les élus jouissent en général de trop de privilèges ou de libertés comme le cumul des mandats, les privilèges, ou le manque de contrôle étatique strict, tout un ensemble qui favorise l'apparition et la floraison de la corruption à grande échelle. Cela peut, selon le régime institutionnel adopté, amener une instabilité politique et créer des pannes de pouvoir politique préjudiciables au pays entier. C'est le cas en Italie depuis la deuxième guerre mondiale, comme ce le fut en France pendant la cohabitation.

Tous ces problèmes qui dérivent de l'existence d'un régime démocratique ont la possibilité technique d'être contrôlés, voire surmontés, par le fonctionnement même de la démocratie qui fait que le peuple choisit lui-même son destin. A l'inverse d'autres systèmes politiques, la démocratie, même si son fonctionnement peut être lent et compliqué, possède cet énorme avantage de pouvoir faire triompher la volonté de la majorité. En cela, la démocratie est unique car le peuple décide de son sort. L'alternative au régime démocratique implique presque automatiquement la suppression de ce à quoi tous les hommes aspirent : la liberté.

Le premier domaine dans lequel la liberté est nécessaire pour conditionner tous les domaines de la vie en société est la politique: le droit de faire de la politique – en respectant le jeu des règles démocratiques – et d'avoir un système qui accepte et favorise le multipartisme est un premier pas vers la paix et la stabilité. En permettant à toutes les tendances de s'exprimer, on supprime précisément la cause première qui fait fleurir les mouvements contestataires: la négation du droit à exister. Ensuite viennent toutes les autres libertés: liberté de pensée, de réunion, religieuse, etc.

La démocratie, en dépit de ses défauts, est le régime politique idéal. Fragile, elle exige un soin constant pour conserver un équilibre entre les trois pouvoirs législatif, exécutif et judiciaire dont dépendent son bon fonctionnement et sa survie.

Analyse du texte voir corrigés p. 148

1. Quel type de plan dialectique est appliqué ici? Mettez-le en évidence.
2. Quels sont les divers thèmes étudiés?
3. Y a-t-il un basculement et si oui, où?

COMPOSITION A ANALYSER

QUE PENSEZ-VOUS DE LA SOLITUDE?

La solitude fait partie intégrante de la vie d'un grand nombre d'individus en ce début du 21e siècle. Cette inévitable compagne de l'être humain tend à se faire plus présente dans la vie à mesure que les gens avancent en âge. Si certains semblent s'en accommoder fort bien, d'autres en souffrent profondément. Alors, la question se pose: est-elle un bienfait salutaire à l'équilibre de l'homme ou une source de déprime et de tristesse à éviter absolument?

Certains sont aujourd'hui à la recherche de la paix. Notre société robotisée, informatisée et frénétique aliène l'homme de plus en plus. Celui-ci a besoin de s'isoler et de s'éloigner du bruit, de la publicité, de la vitesse. Il doit faire le vide autour de lui et dans sa tête pour retrouver des valeurs saines et simples et ainsi échapper à l'abrutissement et au viol constant de nos esprits par le bombardement abusif de la publicité. Alors la solitude est la voie toute tracée pour ces gens.

Plusieurs solutions s'offrent à eux: une retraite temporaire dans la nature ou dans une maison religieuse apporte, avec la solitude, l'introspection. Projeté dans cet espace du moi, l'homme parfois fait des choix importants et décide d'opter pour la voie de la simplicité: sans devenir ermite, certains décident de vivre en vase clos dans une communauté qui n'a que des rapports minimaux avec la société. Ainsi, il peut enfin aspirer à ce qu'il désire profondément: être seul.

Tout le monde n'a cependant pas cet appel et beaucoup vivent dans un tourbillon d'activités effrénées. Pourtant, l'homme n'est pas à l'abri de la solitude et c'est dans les moments difficiles de la vie que la solitude étend son emprise qui peut se révéler à la fois effrayante et tyrannique. Et c'est lorsqu'on compte sur les amis qui souvent font défaut aux moments importants de la vie que l'on trouve automatiquement celle qui devient en fait la vraie compagne, la solitude.

Le sentiment de se trouver seul devant soi, devant sa vie, la possibilité de se poser des questions que le train-train confortable du quotidien anesthésie complètement, tout cela a un côté à la fois inquiétant, voire effrayant. En effet, beaucoup de personnes, et notamment les personnes âgées, s'enfoncent dans la solitude qu'elles vivent au quotidien, sans espoir réel de pouvoir s'en débarrasser, ce qui rend la fin de la vie bien triste. Abandonnées par leurs proches qui parfois meurent avant elles, délaissées par la famille, ces personnes broient du noir et la solitude devient en fait leur fossoyeur.

Il semble donc qu'il y ait dans une même vie un temps où l'on peut tirer profit de la solitude et un temps où on la subit. La sagesse consiste à se trouver des intérêts ou des passe-temps pour pouvoir au moins ne pas être totalement soumis à son emprise. Ainsi est-il possible, avec un savant dosage d'activités sociales et de périodes de repos, d'arriver à faire une compagne de la solitude. Mais si chacun peut supporter d'être seul, combien supportent d'être solitaires?

Analyse du texte voir corrigés p. 148

1 Quel type de plan dialectique est appliqué ici? Mettez-le en évidence.
2 Y a-t-il un basculement dans le texte et si oui, où?
3 Par quel procédé finit la conclusion?

COMPOSITION A ANALYSER

LE METIER DE PROFESSEUR

«Le plus beau métier du monde», comme on appelle parfois le métier d'enseignant, a certainement de nombreux attraits susceptibles de susciter bien des vocations. Cependant l'évolution récente de la société a changé l'image que l'on se faisait autrefois de l'enseignant et on peut se demander si le métier de professeur n'a pas quelque peu perdu de son attrait aujourd'hui.

De nos jours, les enseignants sont devenus des spécialistes hautement qualifiés: ainsi, la majeure partie d'entre eux sont des diplômés de l'université et on ne peut mettre en question la connaissance qu'ils ont de leur discipline respective. Cette haute spécialisation a cependant un prix: la longueur des études, l'exigence des disciplines académiques et la complexité des formations pédagogiques qui découragent beaucoup de candidats d'embrasser cette carrière.

L'aspect pédagogique est au cœur du métier d'enseignant et l'objectif numéro un de ce dernier est de s'assurer de faire passer la communication entre lui et sa classe. Il n'existe pas de plus grande joie pour l'enseignant que de voir ses fruits germer et les élèves assimiler et maîtriser la matière enseignée. Cependant, il arrive trop souvent que de nombreux professeurs soient hélas de mauvais pédagogues. Même bardés de diplômes, certains sont tout à fait incapables d'assumer le rôle de communicateur de la connaissance qu'ils ont acquise. Les causes peuvent en être diverses mais il reste évident qu'être un bon pédagogue n'est pas une chose facile.

La nature elle-même du métier est très spéciale et tout le monde s'accorde à en reconnaître la pénibilité. Certes il y a des avantages que beaucoup envient et notamment la fréquence et la longueur des vacances qui rendent malades de jalousie l'ensemble des autres métiers. Mais ne voir que cela serait oublier que l'enseignant est confronté chaque jour à des groupes de jeunes qui ne sont pas toujours faciles à encadrer. Il lui faut donc souvent être autant un agent de l'ordre qu'un enseignant. Tout cela aboutit au constat que les professeurs sont le corps de métier qui souffre le plus de crises de nerfs et de déprimes et que, dans ces conditions-là, les pauses des vacances sont très souvent employées comme périodes de récupération plutôt que comme moments de détente.

Pendant des générations, le métier de professeur a joui d'un statut honorable. Les élèves avaient pour leurs enseignants un respect que l'on ne trouve plus aujourd'hui. Dans notre société du 21e siècle, le statut de professeur n'est plus celui qu'il était au siècle dernier: il a perdu beaucoup de l'attrait et de l'autorité qui lui était attachés: aujourd'hui, on cherche plutôt à contredire, à contrecarrer, à contrarier quand ce n'est pas carrément à s'opposer ou à désobéir aux professeurs, que cela soit directement par les élèves en classe ou par l'intervention des parents dont l'influence grandissante a envahi les cours de récréation et parfois même les salles de classe.

En conclusion, il est évident qu'il existe aujourd'hui un grand nombre d'excellents professeurs. Mais être un bon professeur est devenu une sorte de défi qui frise la gageure car on attend beaucoup de celui-ci: gentillesse, compréhension, connaissance, qualification, pédagogie, patience, écoute, etc. On rêve d'avoir des professeurs sympathiques et parfaits. Pour parvenir à ce miracle, le professeur doit rester à sa place et ne pas changer son rôle d'enseignant pour celui de copain. Car il est essentiel qu'il y ait toujours une distance entre élèves et professeurs.

Analyse du texte voir corrigés p. 148

1. Quel type de plan dialectique est appliqué ici? Mettez-le en évidence.
2. Quels sont les thèmes traités?
3. Y a-t-il un basculement et si oui, où?

6. COMPOSITIONS A PLAN COMPLEXE

Une composition à plan complexe est une composition qui combine, dans son développement, 2 voire trois plans superposés.

Le mot «complexe» signifie : qui contient plusieurs éléments différents.

Le mot «compliqué» signifie : qui possède de nombreux éléments dont l'agencement matériel ou logique est difficile à comprendre.

Ainsi donc, les plans complexes ne sont pas difficiles comme on pourrait le croire.

Il suffit d'appliquer rigoureusement les plans étudiés jusqu'ici dans le livre. Il est fréquent d'écrire une composition avec deux plans superposés.

COMPOSITION A PLAN COMPLEXE

LA VICTOIRE FRANCAISE AU MONDIAL DE 1998

En 1998, la coupe du monde de football s'est déroulée en France. Ce fut un événement à couper le souffle et le pays organisateur, la France est devenue championne du monde de football pour la première fois de son histoire. Cela n'est certes pas dû au hasard et plusieurs causes expliquent cet admirable résultat.

Tout d'abord, la France a pris son rôle de pays organisateur très au sérieux et a tout fait pour que le football soit le grand gagnant de cet événement. Le pays tout entier a donc été mobilisé et la fièvre de l'événement s'est emparée de l'Hexagone des mois avant le début de la compétition. Même si tout ne fut pas parfait – le système d'allocations des places pour assister aux rencontres a été très critiqué –, l'équipe nationale était devenue l'objet de toutes les attentions des médias et le pays ne vivait que dans l'attente de cet événement, convaincu, dans son for intérieur, que son équipe n'allait pas décevoir les espoirs qui reposaient sur elle. Ainsi, la France a su tirer le meilleur parti de cette aubaine qui ne se représente pas souvent et qu'il convient donc de ne pas manquer.

Ensuite, du point de vue du jeu lui-même, l'équipe de France a joué excessivement bien. Composée d'une pléiade de joueurs brillants et désireux de vaincre, encadrée par une équipe de qualité et produit d'un système de sélection impitoyable, cette équipe a vite montré l'étendue de ses possibilités et la mesure des ses ambitions. Produisant un jeu très structuré et cohérent ne laissant rien au hasard, comptant sur le génie de ses brillantes individualités mais basant tout sur un jeu de base collectif bien huilé, l'équipe de France a suivi un parcours sans faute qui a impressionné les spécialistes.

Enfin, la grande surprise est venue de la manière dont la finale s'est jouée. Opposant le Brésil, quadruple champion du monde à l'époque connu pour son jeu étincelant et pour la passion de ses supporters à la France, ce match promettait une empoignade d'anthologie. Or, il n'en fut quasiment rien: le Brésil a produit un match indigne de sa réputation: ses joueurs ont été méconnaissables et son football presque banal pour un rendez-vous de cette importance. La France au contraire a fait preuve d'un grand réalisme et s'est hissée au sommet de son art pour étouffer une équipe du Brésil à qui elle a réussi à marquer trois buts.

En conclusion, les Français ont montré un grand sens d'opportunisme tout au long de cette coupe du monde. Ils ont su saisir la chance qui s'offrait à eux pour devenir champions du monde d'une manière tellement éblouissante que personne n'a jamais contesté leur victoire ou émis la moindre réserve à ce sujet.

Analyse du texte voir corrigés p. 148

1. Quelle catégorie de plan est utilisée ici?
2. Quel type de plan est appliqué ici? Mettez-le en évidence.
3. Combien de causes dénombrez-vous à la victoire de la France? Lesquelles?
4. Quel aspect de l'organisation est critiqué? Dans quel paragraphe?
5. Mettez en évidence un deuxième type de plan qui se superpose au premier.

COMPOSITION A PLAN COMPLEXE

LES CONDITIONS DE LA REUSSITE 4

Au cours de la vie, tout le monde recherche avidement à monter dans l'échelle sociale et à «réussir» devant ses pairs. Car la réussite est saluée autour de soi et aussi très souvent enviée et jalousée. L'explication en est que, outre les avantages qu'elle procure, la réussite ne s'obtient pas facilement et le chemin pour y accéder est difficile car assorti d'une série de conditions telles que l'éducation, l'ambition, la patience et l'intelligence.

La première condition pour réussir dans la vie est une bonne éducation. La période de la vie où l'on va à l'école primaire et secondaire, sans oublier l'école maternelle – dont les années précoces représentent, d'après les spécialistes, des années formatrices majeures – est un moment essentiel dans la formation académique de chacun. Elles constituent le tremplin nécessaire pour faire de bonnes études supérieures et assurer une bonne vie professionnelle. Il apparaît donc que chacun est grandement conditionné par le système éducatif de sa jeunesse et que plus le niveau d'éducation d'un individu est élevé, plus important risque d'être son rôle dans la société.

S'il est parfois possible de réussir sans une bonne éducation, il est plus difficile de réussir sans la seconde condition, l'ambition, grâce à laquelle on peut aspirer à accomplir ses rêves. Un grand nombre de personnes célèbres étaient, dès leur plus jeune âge, dévorées d'ambition. La vie de Napoléon qui, jusqu'à la bataille de Waterloo, semble avoir pu contrôler sa vie et la destinée de l'Europe à travers son ambition sans limite, est, à cet égard, un exemple parlant.

Mais ces mêmes personnes ont souvent dû bénéficier d'une troisième condition qui va de pair avec l'ambition: la patience. En effet, il faut savoir attendre le moment opportun pour agir avec le maximum d'efficacité. L'ambition, si elle est bien utilisée, peut devenir un facteur positif, mais il faut beaucoup de sagesse pour savoir comment la contrôler. Il y a un temps pour tout et agir au bon moment exige une bonne dose de discernement.

Une fois arrivé en haut de l'échelle sociale, il est facile d'en redescendre très rapidement si l'on n'y prend pas garde. Un grand nombre de trajectoires montrent à quel point il est possible de retomber vite dans le néant et dans l'oubli une fois le sommet atteint. Il est donc nécessaire de jouir de la quatrième condition qui est absolument indispensable à la réussite, à savoir l'intelligence qui permet de toujours arriver à tirer son épingle du jeu.

En conclusion, bien que personne ne puisse contrôler son destin entièrement, celui qui bénéficierait des éléments ci-dessus aurait toutes les chances de réussir. Nous ne sommes pas tous équipés de la même manière pour affronter la vie et chacun de nous est face à la perspective d'une inévitable lutte. Pourtant, certains bénéficient parfois de circonstances favorables, voire carrément d'une chance outrancière, quand les événements qu'ils ne peuvent pas contrôler se retournent soudain en leur faveur. Cependant, chance ou pas, il faut savoir faire fructifier ce qui tombe du ciel et donc, sans une certaine intelligence, la réussite ne sera pas au rendez-vous.

Analyse du texte voir corrigés p. 149

1 Quelle catégorie de plan est utilisée ici?
2 Quel type de plan est mis en pratique ici? Mettez-le en évidence.
3 Mettez également en évidence un deuxième type de plan qui se superpose au premier.
4 Quels sont les thèmes étudiés dans les paragraphes du développement?
5 Quel paragraphe est construit selon un raisonnement inductif? Mettez-le en évidence.

COMPOSITION A PLAN COMPLEXE

LA SUISSE

La Suisse, cet îlot au sein de l'Europe, apparaît depuis longtemps comme le pays idéal. A travers ses diverses traditions, ses villes et ses problèmes, on peut découvrir un pays complexe et unique. Mais peut-on encore, au 21e siècle, continuer à considérer la Suisse comme l'image immuable d'un pays sain et tranquille?

La Suisse, petit pays multiculturel de 6 millions d'habitants placé au cœur de l'Europe et divisé en 26 cantons, possède 4 langues nationales (allemand, français, italien, romanche). De plus, la chaîne de montagnes mondialement connue, les Alpes, les traditions ancestrales, le mythe de Guillaume Tell, la gastronomie authentique et solide, les institutions politiques exemplaires, tout cela conforte l'image d'un pays admirable et admiré, le pays des clichés célèbres des lacs et des montagnes, du fromage et du chocolat, des montres et des banques. De cette diversité se dégage une énergie incroyable et fascinante qui fait une des forces de la Suisse d'aujourd'hui.

En ce qui concerne les villes suisses, on peut dire qu'elles sont très internationales et de grands centres d'affaires: en Suisse romande, Genève avec la Croix-Rouge et les Nations Unies, Lausanne avec le CIO et Montreux avec ses nombreux festivals attirent de nombreux visiteurs. En Suisse alémanique, Bâle et Zürich sont deux centres économiques et financiers majeurs du pays. Il est donc évident que les villes suisses projettent une image de la modernité de la Suisse.

Cependant, tout n'est pas rose dans la Confédération helvétique où l'on assiste, depuis plusieurs années déjà, à une montée en force de problèmes comme l'immigration des travailleurs étrangers, la pollution de l'environnement, le taux élevé du Sida, la permanence de la crise et notamment du taux de chômage et l'incertitude politique vis-à-vis de la construction européenne. Tout récemment, des affaires qui ont éclaté au grand jour sont venues jeter une ombre sur la réputation du pays: la suspicion du monde entier envers le rôle ambigu de la Confédération pendant la deuxième guerre mondiale avec les fonds juifs ainsi que les scandales financiers à répétition dont l'épisode de Swissair est certainement le plus surprenant.

Avec l'accumulation récente de problèmes graves, la Suisse semble ne plus être le pays de toutes les vertus ni le modèle autrefois tant envié. Beaucoup de gens en Suisse même commencent à se demander si le pays est capable de continuer à maîtriser son avenir. Ce petit pays semble être à la croisée des chemins dans un monde qui accélère et qui ne laisse que peu de place à ceux qui autrefois allaient leur chemin lentement, certes, mais sûrement. Aujourd'hui, la donne a changé et l'on peut se demander vers quel nouvel horizon la Suisse doit se tourner pour faire face aux changements rapides de notre monde. L'adhésion à l'Europe en formation ne serait-elle peut-être pas la réponse à bon nombre de ces interrogations?

Analyse du texte   voir corrigés p. 149

1 Quelle catégorie de plan est utilisée ici?
2 Quel type de plan est appliqué ici? Mettez-le en évidence.
3 Quel est le thème de chaque paragraphe du développement?
4 Quel autre type de plan est appliqué ici? Mettez-le en évidence.
5 Où le texte bascule-t-il? Grâce à quel mot?
6 Quel est le type de raisonnement interne du paragraphe 2?
7 Quel est le type de raisonnement interne du paragraphe 3?
8 Quel est le type de raisonnement interne du paragraphe 4?
9 La conclusion offre-t-elle une possibilité de solution au problème de la Suisse?

7. EN ROUTE VERS LA DISSERTATION

DE LA COMPOSITION A LA DISSERTATION

Au terme de cet ouvrage, l'élève a acquis une structure mentale absolument nécessaire pour se lancer dans l'apprentissage de la dissertation. En effet, tout ce qui a été présenté ici pour la composition est valable également pour la dissertation : les cinq éléments caractéristiques de la composition énoncés en page 8 du présent ouvrage se retrouvent tous dans la dissertation, à savoir : la structure, le plan, l'analyse, l'objectivité et l'abstraction.

Cependant, la dissertation implique beaucoup plus que la simple composition. Elle s'en différencie surtout par le type de sujets traités, par la profondeur de l'analyse et l'originalité des idées. D'autre part, la dissertation s'oriente surtout vers des sujets généraux ou littéraires.

La **dissertation générale** est essentiellement de nature abstraite. Il conviendra donc de jongler avec les idées de la même manière que l'on jonglait avec les données ou les faits d'une composition à sujet concret comme celle intitulée «un voyage d'études à Paris». On remarquera que certaines compositions présentées dans cet ouvrage comme le sujet sur les conditions de la réussite (page 56), sur la démocratie (page 91) ou encore sur la solitude (page 92) pour n'en citer que quelques-uns abordent déjà des sujets abstraits qui pourraient être traités plus en profondeur et se rapprocher ainsi de l'exercice de la dissertation.

La **dissertation littéraire** traite d'auteurs ou de livres de littérature. Il faut donc ramener ce que l'on dit à l'étude de textes et à l'analyse de thèmes, de personnages, de problèmes que tel livre soulève, de thèses que tel auteur présente, d'une citation de critique sur tel ouvrage ou sur tel écrivain. Le plan à adopter pour chacun de ces sujets pourra être en rapport avec les plans du présent ouvrage. Par exemple, une comparaison entre auteurs, personnages, livres ou quelque autre aspect littéraire pourra adopter un des plans comparatifs présentés ici.

Cependant, au gymnase, l'élève doit pouvoir pousser sa connaissance du français au point d'arriver à éviter que la texture du plan soit trop restrictive pour lui. Il essaiera donc, tout en restant dans un schéma général acquis, de présenter ses idées selon un <u>plan en perspective</u>, c'est-à-dire avancer ses idées par niveaux successifs vers un but précis. Pour s'émanciper du moule strict de la composition pure, l'effort de l'élève se portera sur les aspects majeurs suivants:

– **l'introduction**, et notamment sa partie finale où se trouve la problématique : il convient ici de présenter les aspects qui seront étudiés dans le développement. Une bonne manière de poser la problématique est de poser une courte série de questions (3 à 4) dont les réponses seront données dans le développement, voire dans la conclusion. Une autre manière est de faire des affirmations nuancées par des temps au conditionnel, des tournures interro-négatives et des phrases introductives du genre : « ne pourrait-on pas … » ou « il semble que… » destinées à indiquer la direction à suivre mais à ne pas en révéler la teneur.

– les **transitions**: les débuts de paragraphe doivent être particulièrement soignés pour éviter l'aspect abrupt des transitions visibles dans certains plans de composition comme le plan numérique ou encore le plan classification.

– la **conclusion**: elle ne doit rien répéter mais faire avancer le débat et mentionner les <u>conséquences</u> découlant des idées exprimées précédemment.

On trouvera ici quelques essais de dissertation générale ou littéraire à base de citations à commenter ou de développement thématique.

Et maintenant, bonne route !

7. En route vers la dissertation

COMPOSITION A ANALYSER

«On ne naît pas femme, on le devient» Simone de Beauvoir

Les femmes, ont, de tout temps, été assujetties à des règles sociales édictées par les hommes. Ce n'est qu'au 20e siècle, et notamment dans sa 2e partie, que le féminisme a commencé à se manifester bruyamment et à se faire une place. Simone de Beauvoir, dans sa célèbre phrase: «on ne naît pas femme, on le devient» indique clairement que la nature féminine n'est pas une chose innée mais bien le résultat d'une éducation et d'un conditionnement culturel et social. Qu'en est-il donc réellement? La femme d'aujourd'hui est-elle la même que celle d'hier ?

C'est au niveau de la famille que l'importance de la femme a toujours été primordiale: tout d'abord dans son rôle de génitrice et de mère, puis dans celui d'éducatrice des enfants dont la présence dans le foyer a été une nécessité sociale. La petite fille recevait une éducation spécialement taillée sur mesure pour elle et restait à la maison avec sa maman afin de s'initier à l'art d'être une femme au foyer alors qu'aujourd'hui cette même petite fille côtoie les garçons à l'école.

Avec la possibilité d'aller à l'école et d'acquérir une éducation, la femme a commencé à questionner ce système. Le fait de sortir de la maison et de voir d'autres personnes a ouvert son horizon. De plus en plus de jeunes filles étudient avec ardeur pour réussir le baccalauréat et ainsi accéder à l'université. Bien que la majorité des jeunes filles et des femmes se retrouvent souvent dans les mêmes filières d'études universitaires (humanités, lettres, langues, etc.), un nombre croissant se dirige vers des carrières scientifiques ou commerciales.

Avec les progrès de la médecine et notamment avec l'apparition de la pilule, la femme, plus libre qu'autrefois, a acquis une grande indépendance vis-à-vis de l'homme. A partir du moment où elle a pu acquérir son indépendance sexuelle, la notion même d'instinct maternel a été remise en question. Après des siècles de soumission et de manque de liberté, la femme peut s'assumer et s'accomplir.

De nos jours, la femme travaille et elle n'est plus uniquement perçue comme mère de famille. En effet, elle prend une part importante dans l'activité économique de la société. La grande nouveauté est que, maintenant, elle choisit le rôle qu'elle veut assumer (au lieu de le subir antérieurement, comme c'était notamment le cas dans le milieu agricole). Forte de l'argent qu'elle gagne, elle devient un acteur de la vie économique par son rôle de consommatrice. Chaque jour, de nouveaux secteurs professionnels s'ouvrent aux femmes dans les domaines militaires, médicaux et même politiques. Aux niveaux culturel et intellectuel, on n'a jamais vu autant de femmes écrivains ou artistes connues que de nos jours. Pratiquement, le slogan «à travail égal, salaire égal» tend à lentement devenir réalité.

En conclusion, le constat oblige à la modestie car tout n'est pas rose pour la condition féminine aujourd'hui: il demeure difficile pour la femme moderne de concilier vie sentimentale et vie familiale avec une carrière professionnelle. De plus, les excès du mouvement féministe ont parfois créé des types de femmes dont l'agressivité et l'attitude repoussent l'homme, créant ainsi une guerre des sexes qui nuit à tous. Enfin, le mouvement féministe touche principalement les pays développés occidentaux. La plus grande partie de l'humanité n'est pas encore vraiment affectée par cette révolution. Mais si le chemin à parcourir pour les femmes est encore long pour que ces dernières puissent enfin connaître une vision nouvelle de leur rôle dans la société, le mouvement semble désormais irréversible.

Analyse du texte   voir corrigés p. 149

1 Quelle catégorie de plan est utilisée ici?
2 Quel type de plan est appliqué ici? Mettez-le en évidence.

COMPOSITION A ANALYSER

«La discipline est la clé de la liberté» B. Frontenac

Tous les hommes sont épris de liberté, cette valeur si difficile à acquérir, si fragile à conserver et si délicate à gérer. On a d'ailleurs dit que la discipline est la clé de la liberté, montrant le prix à payer pour jouir de cette vertu à nulle autre pareille. Mais de quelle discipline s'agit-il? La discipline vis-à-vis des autres ou la discipline envers soi-même?

Le mot discipline est généralement rempli de connotations négatives dans l'esprit humain. Appliquée trop brutalement, par excès de zèle, la discipline imposée est mal acceptée par la plupart de ceux qui la subissent. Ainsi, une discipline sans dose d'humanité a des conséquences néfastes sur les détenus dans leur prison: beaucoup de ces derniers développent des sentiments de rejet de l'ordre établi et de la société en général. Cette discipline qui n'a d'autre but que de faire obéir, voire de plier les volontés, arrive généralement assez bien à son but: personne ne gagne contre la force aveugle et brutale. Mais une fois libérés de prison, les détenus sont face à un monde dans lequel ils ne se retrouvent plus. Leur réinsertion sociale est compromise et la voie qu'ils empruntent alors les ramène à la violence, au crime et à la prison.

La discipline à laquelle on soumet les jeunes dans les internats se veut une discipline éclairée, à motivation pédagogique: apprendre aux jeunes à se structurer, à adopter un mode de vie réglé qui doit en principe les amener à l'indépendance. Pourtant, le tristement célèbre modèle britannique qui incluait le châtiment corporel comme une de ses composantes formatrices a vécu et peu de monde aujourd'hui soutient le bien-fondé de telles mesures. Il est vrai que l'internat a revêtu une allure plus humaine, mais la discipline qui s'y exerce s'appuie généralement sur le modèle répressif par la punition. Or une discipline imposée par la crainte est une discipline qui ne sera jamais totalement acceptée et qui ne sera donc jamais totalement efficace. Il n'est pour s'en rendre compte que de voir combien d'anciens élèves parlent de leurs années d'internat en termes qui rappellent plus l'internement qu'autre chose.

Une autre forme de discipline concerne celle que l'on s'impose à soi-même volontairement, dans un but mélioratif ou thérapeutique. Sans aucune contrainte extérieure ou punition, la seule peur qu'on peut avoir est celle que l'on ressent devant un échec personnel, celle de ne pas avoir réussi et de se sentir froissé dans son amour-propre. Le domaine de prédilection où s'applique cette discipline est celui des grands artistes ou des sportifs de haut niveau: c'est par un effort quotidien soutenu pendant de nombreuses années, souvent au prix d'une enfance, voire d'une vie entière sacrifiée, que les efforts fournis rapportent leur prix: la patineuse qui évolue avec grâce sur la glace et se joue des difficultés semble agir en totale liberté. Rien ne l'entrave, rien ne semble trop difficile pour elle qui a su acquérir cette maîtrise au prix d'une discipline de fer imposée librement pendant des années à raison de plusieurs heures par jour d'entraînement.

Ainsi, la liberté définie non comme un excès mais comme un affranchissement de contraintes spécifiques à un domaine particulier n'est pas une liberté donnée mais une liberté acquise par une volonté tenace. Dans ce contexte-là, la discipline précède la liberté dont elle est la clé et la substance.

Analyse du texte voir corrigés p. 149

1 Quelle catégorie de plan est utilisée ici?
2 Quel type de plan est appliqué ici? Mettez-le en évidence.
3 Quels sont les mots indiquant la structure du plan ?
4 Quels sont les thèmes étudiés?
5 S'il y a une prise de position par rapport à l'énoncé, quelle est-elle?

COMPOSITION A ANALYSER

L'amour dans *La Symphonie pastorale* d'André Gide

L'amour est un des thèmes majeurs de *La Symphonie pastorale* d'André Gide. L'influence qu'il y exerce est énorme et dévastatrice. C'est surtout à travers le personnage du pasteur que ce phénomène se produit car, à partir de lui, il va affecter la vie de sa maisonnée entière, notamment celle de sa femme Amélie, de son fils Jacques et enfin de sa protégée Gertrude.

Les multiples effets qu'opère l'amour sur les divers personnages pose la question du type d'amour dont il s'agit en réalité. En ce qui concerne Amélie, la femme du pasteur, on voit une femme qui assume son rôle de femme au foyer dans la plus pure tradition chrétienne d'amour matrimonial, avec une maisonnée pleine d'enfants et qui assume son rôle sans contestation. Amélie ne se pose pas de question jusqu'au jour où l'intrusion de Gertrude dans son foyer va la troubler et la jeter dans les affres de la jalousie qui va lentement la consumer.

L'amour filial de Jacques, le fils aîné, sera mis à rude épreuve à travers ce drame qui lui permettra néanmoins de s'émanciper de l'autorité paternelle. Jacques va même évoluer jusqu'à s'ériger en censeur de l'attitude de son père. Amoureux de Gertrude, il saura sublimer son amour pour elle en même temps qu'il déversera sur son père une colère juste et contrôlée le plus longtemps possible et dont la manifestation la plus corrosive sera peut-être sa conversion – ainsi que celle de Gertrude – à la religion catholique.

Gertrude est un cas spécial de par sa cécité physique et qui prend une valeur hautement symbolique: en effet, elle ne connaît du monde et de l'amour que ce que lui en dit le pasteur. Elle s'entiche naturellement de lui qui déverse dans son âme un chapelet de fausses notions. Lorsque, à la suite d'une opération, elle pourra enfin voir le monde physique, elle comprendra mieux les mystères de l'amour, les mensonges du pasteur et la laideur de l'homme. Egarée sur une fausse route, elle ne pourra pas se retrouver devant l'ampleur de la noirceur du monde qu'elle découvre et finira par se suicider dans un geste de désespoir.

Enfin, le pasteur est celui par qui tout arrive. En fait, son premier geste pour Gertrude est louable car il veut l'aider dans sa détresse et son cœur est alors empreint d'un sentiment de pitié et de charité chrétienne. Mais il va subir la tentation de la chair alors qu'il est dans une situation extrêmement délicate de par son poste de pasteur d'une part et d'homme marié avec une famille à charge d'autre part. Ainsi, l'attirance qu'il éprouve pour Gertrude et à laquelle il cède sera le germe de la série de catastrophes qui va s'abattre sur les protagonistes de cette histoire.

Tous les personnages principaux du roman sont donc profondément affectés par les errements sentimentaux du pasteur. C'est ainsi qu'on voit que l'égarement amoureux du pasteur provoque la culpabilité et la jalousie chez Amélie, la révolte chez Jacques, la confusion et le désespoir chez Gertrude – ce qui se traduira par le suicide – et l'aveuglement et la destruction chez le pasteur. Ainsi donc l'amour dans *La Symphonie pastorale* est inextricablement lié à la notion de péché. Et la phrase que le pasteur glisse dans l'oreille de Gertrude selon laquelle «le mal n'est jamais dans l'amour» est complètement contredite par la conclusion du livre. Peut-on d'ailleurs vraiment imaginer que le pasteur était sincère en disant cela?

Analyse du texte voir corrigés p. 150

1   Quelle catégorie de plan est utilisée ici?
2   Quel type de plan est appliqué ici? Mettez-le en évidence.
3   Selon quel ordre les thèmes étudiés sont-ils présentés?
4   Quel autre type de plan peut-on trouver dans cette composition ?

COMPOSITION A ANALYSER

«Un seul être vous manque et tout est dépeuplé» Lamartine

L'homme est un être sociable habitué à vivre au contact de ses congénères. Ce contact est en fait plus fort qu'une habitude, il est un réel besoin, une condition nécessaire à son équilibre et à son épanouissement. Ceci est particulièrement vrai dans le domaine des sentiments et Lamartine est même allé jusqu'à écrire: «Un seul être vous manque et tout est dépeuplé.» Qu'est-ce qui peut bien justifier le caractère apparemment excessif d'une telle affirmation? Faut-il comprendre cette idée dans un sens absolu ou au contraire ponctuel? Et comment concilier le ton si catégorique de cette citation avec la notion de fluctuation continue des sentiments dont parle Montaigne?

Pour saisir ce que veut dire Lamartine, il faut peut-être avoir été amoureux et avoir vécu le grand amour. Dans cet état très particulier du monde sentimental, il est des aspects spécifiques comme la passion amoureuse ou la période de la lune de miel qui font entrevoir le monde sous un angle totalement subjectif: tout est subordonné à l'autre et la simple perspective d'en être séparé par la mort ou même par une rupture suffit à mettre l'esprit en émoi. La disparition de l'autre fait entrevoir la vie comme un véritable désert où «tout est dépeuplé» et donc où toute raison de vivre a disparu. L'affirmation de Lamartine peut ainsi se comprendre dans un contexte extrême. Faut-il rappeler que lui-même a vécu ce tourment du manque de l'autre lorsque Mme Charles dont il était follement épris est morte, ce qui lui a fait écrire certaines de ses plus belles poésies dont l'immortel poème «Le Lac»?

Cependant, si certains s'enterrent dans un désert affectif suite à un drame sentimental, beaucoup continuent d'avancer dans le chemin de leur vie en ayant les yeux fixés sur l'horizon du futur. Le temps qui passe fait oublier bien des serments et atténue bien des douleurs. Et beaucoup retrouvent le chemin pour sortir du désert en refaisant leur vie avec une autre personne. Le fait est que Lamartine a surmonté assez rapidement sa tristesse due à la mort de Mme Charles et trouvé ailleurs des compensations à sa douleur. Ceci ne détruit pas la force de sa citation mais la relativise quand même un peu: la tristesse que l'on éprouve suite à la disparition d'un être aimé peut se révéler moins aiguë à mesure que le temps passe.

Par ailleurs, il convient de mentionner que les sentiments peuvent évoluer et que l'amour en particulier est souvent victime de l'usure qu'il subit sur une longue durée, et particulièrement lorsqu'il est vécu au quotidien. L'amour s'effrite, l'amour s'en va sans que l'on s'en rende bien compte et un jour, on se retrouve dans une situation inversée: l'amour qui procurait mille bonheurs semble être devenu un objet lourd et encombrant. Si, de plus, le partenaire est de tempérament dominateur, si son amour est exigeant, voire étouffant, cela peut se révéler facilement insupportable. Alors, cet être, objet de tous les désirs et qui est soudain devenu pénible et gênant, peut déclencher – à son insu – le désir d'un autre ailleurs.

Ainsi la perte soudaine d'un être cher ou une rupture brutale dans un moment de grand amour est comme une petite mort. L'être humain souffre devant une telle situation. Cependant, la durée dans l'amour est un élément crucial que peu de gens arrivent à bien gérer et la présence de l'autre peut se révéler lourde et difficile à supporter. A ce propos, Giraudoux n'a-t-il pas écrit: «Un seul être vous manque et tout est repeuplé»?

Analyse du texte: voir corrigés p. 150

1. Où sont les réponses aux 3 questions de la problématique?
2. Quelle est la réponse à la question 1 ?
3. Quelle est la réponse à la question 2 ?
4. Quelle est la réponse à la question 3 ?
5. Comment sa fait la progression des idées dans le développement ?

ANNEXES

A LISTE DE SUJETS DE COMPOSITION

I. CHRONOLOGIE

Comment devenir … riche?
Compte à rebours de …
Décrivez la nature en hiver
Décrivez la posologie médicamenteuse d'un malade
Décrivez l'apparition de l'automne / de la neige / du printemps
Décrivez l'arrivée d'une compétition sportive
Décrivez le départ d'une compétition sportive (course de chevaux, de voitures, de cyclistes…)
Décrivez l'entraînement journalier d'un sportif de haut niveau
Décrivez les conseils d'un médecin à un patient
Décrivez l'évolution de l'Europe depuis la fin de la seconde guerre mondiale
Décrivez l'évolution du communisme
Décrivez l'évolution politique / littéraire … de… tel personnage (par exemple Victor Hugo)
Décrivez les spectateurs lors d'une rencontre de football
Décrivez l'historique du parti politique socialiste français
Décrivez un lever de soleil
Décrivez un pays de votre choix
Décrivez une plage en été
Racontez la biographie de quelqu'un que vous connaissez personnellement
Racontez la biographie de X (un personnage historique, politique, médiatique, artistique, etc.)
Racontez la vie quotidienne de votre index droit
Racontez le déroulement d'une classe de français
Racontez un conte imaginaire
Racontez un événement comique
Racontez un événement historique que vous connaissez bien
Racontez un événement tragique
Racontez un film que vous avez vu
Racontez un livre de votre choix
Racontez un mauvais souvenir
Racontez un voyage dans un pays exotique ou lointain
Racontez une anecdote originale
Racontez une anecdote personnelle
Racontez une aventure imaginaire
Racontez une aventure qui vous est arrivée
Racontez une compétition sportive
Racontez une de vos journées d'école
Racontez une histoire d'amour
Racontez une histoire d'horreur
Racontez une histoire dont la structure chronologique est basée sur des mois / années
Résumez la vie d'un homme célèbre que vous admirez
Résumez un roman de plus de 200 pages en une page
Résumez une nouvelle de votre choix
Résumez une pièce de théâtre
Résumez votre dernier week-end en 100 mots
Résumez votre enfance
Résumez votre vie

II. INVENTAIRE

Les atouts de ...
Les avantages de ...
Les choses que j'adore dans mon école
Les choses que je déteste dans mon école
Les conditions pour ...
Les critères pour ...
Les débouchés de ... telle discipline universitaire
Les défauts des Français
Les différences entre ... et ...
Les différentes manières de ...
Les inconvénients de ...
Les qualités des Français
Les ressemblances entre ... et ...
Mes dernières vacances: le paradis
Mes dernières vacances: une catastrophe
Résumez la vie de vos parents
Résumez votre vie
Résumez votre vie affective
Résumez votre vie familiale
Résumez votre vie professionnelle
Résumez votre vie sentimentale

III. INFERENCE

A. PLAN DEDUCTIF
Plan déductif 1 (conséquences – causes)

Commentez un résultat d'élections
Décrivez un tableau de peintre
Décrivez une nature morte
Décrivez une scène de vie familiale
Décrivez une ville de votre choix
Un artiste que vous aimez
La Suisse
La Suisse, une île en Europe
Les conséquences de... la bataille de Waterloo
Les conséquences de... la pollution
Les raisons pour ...
Pourquoi ...?
Que pensez-vous de la charité?
Que pensez-vous de la liberté?
Que pensez-vous de la mort?
Que pensez-vous de l'amour?
Que pensez-vous de la nature humaine?
Que pensez-vous de la reine d'Angleterre?
Que pensez-vous de la Suisse?
Que pensez-vous de Napoléon?
Que pensez-vous de votre famille?
Type de musique préférée
Votre chanteur favori

Plan déductif 2 : problème – causes – solution)
L'acharnement thérapeutique
L'alcoolisme
L'allongement de la durée de vie
L'anorexie
L'apartheid
L'emprisonnement à perpétuité
L'énergie nucléaire
L'euthanasie
L'obésité
La délinquance juvénile
La dépression
La désertification
La drogue
La faim dans le monde
La pénurie
Le racisme
Le tabagisme
Les accidents de la route
Les aspects négatifs d'Internet

B. PLAN INDUCTIF
Les causes de …
Les causes de la dégradation de l'environnement
Les causes de la pollution
Les causes des accidents de la route
Les causes de la bataille de Waterloo
Les causes de la première guerre mondiale
Pourquoi?

IV. COMPARAISON

ENTRE DEUX OBJETS DE LA MEME CATEGORIE

Catégories:	Termes de comparaison
Animaux	Chien et chat
Art	Opéra et ballet
Boissons	Vin et bière
Chaîne de magasin	Carrefour et Décathlon
Continents	USA et EU
Continents	Europe et USA
Cuisine	Deux cuisines nationales
Cuisine	Deux cuisines régionales
Cuisine	Fondue et raclette
Cuisine	Gastronomie et restauration rapide
Culture	Opéra et ballet
Dessins animés	Astérix et Lucky Luke
Economie	Actions et obligations
Economie	Agriculture et industrie
Economie	L'euro et le dollar
Economie	Pays développés et pays en voie de développement
Education	Ecoles privées et écoles publiques
Education	Etudes et apprentissage

Economie	Microéconomie et macroéconomie
Education	Apprentissage et études
Education	Lycée et université
Littérature	Corneille et Racine
Littéraire	Poésie et prose
Education	Lycée et université
Etres humains	Hommes et femmes
Etres humains	Blancs et noirs
Etres humains	Enfants et vieillards
Femmes	Françaises et espagnoles
Général	Lundi et vendredi
Général	2 saisons
Histoire	Hitler et Staline
Histoire	Dictature et démocratie
Langues	Français et anglais
Langues	Anglais britannique et anglais américain
Loisirs	Cinéma et théâtre
Littérature	D'Artagnan et Cyrano
Marques	Chanel et Yves Saint-Laurent
Média	Télévision et presse écrite
Modes de paiement	Au comptant et par carte de crédit
Modes de transport	Airbus et Boeing
Monnaies	Dollar et euro
Moyens de transport	Bus et voiture
Moyens de transport	Voitures et motos
Nationalités	Italiens et Allemands
Nationalités	Français et Anglais
Nature	Le soleil et la lune
Pays	2 pays
Pays	USA / Chine
Phases de vie	L'enfance et la vieillesse
Philosophie	Morale et éthique
Philosophie	Athée et croyant
Politique	Communisme et capitalisme
Religion	2 religions
Société	Paris et la Province
Société	Citadins et campagnards
Société	Mariage et célibat
Sports	Rugby et football
Sports	Ski et planche à neige
Systèmes éducatifs	Français et américain
Systèmes phonétiques	2 langues
Technologie	PC et Macintosh
Technologie	Ordinateurs de bureau et ordinateurs portables
Technologie	Microsoft et Macintosh
Technologie	Courrier postal et courrier électronique
Technologie	DVD et VCR
Technologie	2 voitures
Voitures	BMW / Mercedes

V. DIALECTIQUE

A POUR OU CONTRE
Greenpeace
L'adoption
L'amour libre
L'apartheid
L'armée
L'autorité parentale
L'avortement
L'éducation sexuelle
L'emprisonnement à perpétuité
L'endettement des pays pauvres
L'énergie nucléaire
L'Europe unie
L'euthanasie
L'expérimentation animale
L'exploitation des enfants
L'intelligence artificielle
La ceinture de sécurité
La censure
La contraception
La démocratie
La discrimination religieuse
La globalisation
La légalisation de la prostitution

La légalisation des drogues douces
La limitation de vitesse
La manipulation génétique
La mondialisation
La neutralité politique
La peine de mort
La pornographie
La royauté
La tauromachie
La torture
La vivisection
Le clonage
Le divorce
Le mariage
Le mariage des homosexuels
Le mariage des prêtres
Le mélange des races
Le nationalisme
Le Paris-Dakar
Le racisme
La manipulation génétique
La multipropriété
La politesse
La procréation assistée

Le secret bancaire
Le service militaire
Le tabagisme
Le tourisme de masse
Les armes à feu
Les fourrures d'animaux
Les jeux vidéos
Les maisons de tolérance
Les mères porteuses

B AVANTAGES et INCONVENIENTS
Etre blanc de peau
Etre de couleur
Etre étudiant
Etre riche
Etre un homme
Etre une femme
Faire un apprentissage
Internet
L'acharnement thérapeutique
L'allongement de la durée de vie
L'art moderne
L'avion comme moyen de transport

L'école
L'écologie
L'éducation
L'énergie atomique
L'été
L'euro
L'euthanasie
L'hiver
L'informatique
L'OPEC
L'ordinateur
La célébrité
La décentralisation
La démocratie
Le fédéralisme
La fonction privée
La fonction publique
La grève
La guerre
La légalisation des drogues douces
Le mariage
Le nucléaire
Le port de la minijupe
Le progrès

La publicité	Le recyclage
La restauration rapide	Le tabagisme
La retraite à 55 ans	Le téléphone portable
La robotique	Le treizième mois
La scolarité obligatoire	Les animaux domestiques
La semaine de 35 heures	Les calculatrices
La spécialisation	Les cartes de crédit
La technologie	Les cheveux longs
La télévision	Les congés sabbatiques
La torture	Les enfants
La vie à la campagne	Les familles nombreuses
La vie en ville	Les feux d'artifices
La voiture	Les gadgets
Le bilinguisme	Les sports extrêmes
Le capitalisme	Les transports publics
Le communisme	Les vacances à la campagne
Le clonage	Les vacances à la mer
Le culturisme	Prendre des vacances
Le dopage	Vivre en Suisse

B MOTS DE TRANSITION

1 Mots de transition simple

Les mots et expressions de transition suivants développent un point en **UNE PARTIE**.
Ils s'utilisent pour joindre des phrases ou des paragraphes entre eux. Ils marquent un(e):

<u>ATTENUATION</u> (d'une situation que l'on déplore): **au moins / seulement**
    Ex. il a fait une bêtise, mais **au moins** il l'a avouée.
    Ex. c'est un gentil garçon, **seulement** il est un peu colérique.

<u>CAUSE / EXPLICATION</u> (de ce qui précède): **/ à cause de / attendu que / car / c'est pourquoi / comme / du fait que / en effet / en raison de / étant donné que / parce que / pour ce que / puisque / vu que**
    Ex. cet effort qu'on demande aux ouvriers est sans raison **attendu que** l'usine va fermer.
    Ex. il n'a rien entendu **car** il est sourd.
    Ex: sa mère est malade. **C'est pourquoi** il est revenu à la maison.
    Ex. il ne mérite pas de récompense: **en effet**, il n'a pas travaillé.
    Ex. je ne lirai pas le journal **étant donné qu'**il n'est pas celui d'aujourd'hui.
    Ex. c'est **parce qu'**il va pleuvoir que nous ne partirons pas.
    Ex. **puisqu'**il n'est pas d'accord, il n'y a pas de raison de continuer à discuter avec lui.
    Ex. je croyais que cela serait facile, **vu qu'**il est un spécialiste.

<u>CLARIFICATION:</u> **à savoir / c'est-à-dire**
    Ex. tout le monde a parlé sauf le principal intéressé, **à savoir** l'accusé.
    Ex. la Ville lumière, **c'est-à-dire** Paris.

<u>CONCESSION:</u> **bien que / certes / en admettant que / encore que / en dépit de / malgré / malgré que / quoique / sans doute**
    Ex. **bien qu'il** pleuve, je sortirai quand même.
    Ex. il a **certes** avoué, mais il s'est rétracté aussitôt.
    Ex. **en admettant qu'**il dise la vérité, tout n'est pas pour autant résolu.
    Ex. il chante bien, **encore que** sa voix soit un peu faible.
    Ex. **en dépit de** ses menaces, j'ai continué à vivre comme d'habitude.
    Ex. **malgré son grand âge**, il continue à vivre seul.
    Ex. les personnes âgées sont souvent inquiètes, **malgré que** l'on s'occupe d'elles.
    Ex. **quoi que** tu dises, je ne t'écouterai pas.
    Ex. c'est **sans doute** vrai, mais cela ne change rien pour nous.

<u>CONCLUSION:</u> **ainsi / aussi / donc / par conséquent / partant / en conséquence**
(**en conclusion** et **pour conclure** servent pour clore une partie de discours)
    Ex. mon travail est terminé; **ainsi** je suis libre.
    Ex. il est gentil, **aussi** les enfants sont attirés par lui.
    Ex. je pense, **donc** je suis.
    Ex: il est arrivé à l'heure, **par conséquent** il ne sera pas réprimandé.

<u>CONFIRMATION</u> (de ce qui est dit): **assurément / en effet / effectivement**
    Ex. il a **assurément** raison.
    Ex. elle a **en effet** pris un taxi après minuit.
    Ex. il est **effectivement** trop tard pour agir.

CONSEQUENCE – DEDUCTION: alors / après tout / au fond / aussi bien / dans ce cas (= dans ces conditions) / en définitive / en résumé / tout bien pesé (= tout bien considéré) / somme toute (= en somme)
    Ex. si l'on me parle de cela, **alors** je répondrai.
    Ex. **après tout**, j'ai toujours eu des doutes quant à la faisabilité de ce projet.
    Ex. **au fond**, je ne suis pas mécontent de ce qui se passe.
    Ex. je ne partirai pas, **aussi bien** est-il en retard.
    Ex. **dans ce cas**, je vous demanderai de me rendre les documents.
    Ex. **en définitive**, j'ai décidé d'apprendre le chinois.
    Ex. **en résumé**, la situation financière est actuellement critique.
    Ex. **tout bien pesé**, je ne pense pas que je vais voter pour ce candidat.
    Ex. **somme toute**, la situation n'a guère changé depuis qu'il est au pouvoir.

ELARGISSEMENT (à ce qui n'est pas mentionné dans le texte) / **EXTENSION** (à un aspect différent de celui développé): **au surplus / d'ailleurs / d'autre part** (placé en début de phrase = d'ailleurs, en outre) / **de plus / en outre / et puis / par ailleurs**
    Ex. **au surplus**, je sais ce qui me reste à faire.
    Ex. **d'ailleurs**, il ne me salue même plus dans la rue.
    Ex: je trouve la peinture de Goya poignante. **D'autre part**, elle est universelle.
    Ex. **de plus**, je ne peux plus supporter ce genre de bruit.
    Ex. il a eu un accident avec sa voiture et **en outre**, il a été blessé.
    Ex. j'ai entendu un grand bruit **et puis** j'ai vu un éclair.
    Ex: il est intelligent. **Par ailleurs**, il est très égoïste.
    Ex. **pour ce qui est du reste**, je vous laisse vous en occuper.

GENERALISATION: **de toute manière** (= en tout cas, quoi qu'il arrive) / **en tout cas** / **en tout état de cause** (= dans tous les cas, n'importe comment)
    Ex: **de toute manière** il a décidé de partir.
    Ex: **en tout cas** il ne fera jamais ce qu'on lui demande de faire.
    Ex: **en tout état de cause**, soyez prudents !

LIAISON entre 2 mots ou propositions: **et / et puis**
    Ex. il s'avança **et** il ouvrit la porte.
    Ex. il a fait son discours **et puis** il est parti

OBJECTION: quoique + indicatif
    Ex. c'est réalisable, **quoique** cela sera très difficile.

OPPOSITION naturelle: **cependant / mais / néanmoins / nonobstant** (= en dépit de, malgré) / **or** (= cependant, pourtant) / **pourtant / tout de même / toutefois**
    Ex. il a échoué à son examen, et **cependant** il avait beaucoup étudié.
    Ex. c'est un élève intelligent **mais** paresseux.
    Ex. Galilée avait raison; **néanmoins** il dut se rétracter.
    Ex: **nonobstant** sa décision de rester, il est quand même parti.
    Ex. elle pense dire la vérité; **or**, elle se trompe.
    Ex. cette histoire est surprenante; elle est **pourtant** vraie.
    Ex. ce qu'il dit est étrange, mais il a **tout de même** raison
    Ex. je lui parlerai, si **toutefois** il veut m'entendre.

OPPOSITION par son CONTRAIRE: **au contraire / en contrepartie / en revanche / par contre**
    Ex. il n'est pas désagréable; **au contraire** sa compagnie est même charmante.

Ex: je ferai cela pour vous; **en contrepartie** je vous demanderai de signer ce document.
Ex: il n'y a chez lui pas de grands gestes; **en revanche** il y a une grande profondeur de pensée.
Ex. je ne parle pas chinois; **par contre** je parle espagnol et anglais.

<u>OPPOSITION</u> naturelle: cependant / mais
Ex. il étudie beaucoup, **cependant** il n'a pas beaucoup de bonnes notes.
Ex. il fait pression sur moi **mais** je ne céderai jamais.

<u>RESTRICTION</u>: à la vérité / d'ailleurs / du moins / du reste
Ex. je suis **à la vérité** fort loin de croire ce qu'il dit.
Ex: je sais très bien ce qui se passe; **d'ailleurs** il m'a tout raconté.
Ex: il ne va pas venir, **du moins** c'est ce que j'ai compris.
Ex: je sais ce qui s'est passé; **du reste** il m'a tout raconté.

<u>SURENCHERE</u>: de plus / en outre
Ex. il a été arrêté et, **de plus**, torturé.
Ex: il a joué le match, il l'a gagné et, **en outre**, il a marqué le but de la victoire.

2 MOTS DE TRANSITION COMPLEXE

Les mots et expressions suivants assurent principalement l'articulation des différents paragraphes.

1 SEQUENCE BINAIRE: Expressions développant un point en 2 PARTIES.

La séquence binaire peut servir de transition à l'intérieur d'un même paragraphe mais elle se prête idéalement à relier deux paragraphes entre eux. Elle peut aussi servir de charnière entre deux parties majeures d'une composition, par exemple la transition entre la thèse et la synthèse d'une structure dialectique. La séquence binaire peut marquer les notions suivantes:

RECIPROCITE /OPPOSITION / PARALLELE
D'une part …   d'autre part …   / D'un côté… de l'autre…
    Ex. **D'une part**, je l'aide pour les maths, **d'autre part**, il m'aide pour le latin.

ALTERNANCE
Les uns …   les autres …
Soit …   soit …
Tantôt …   tantôt …
    Ex. **Les uns** avançaient en rampant, **les autres** en courant.
    Ex. **Soit** l'un, **soit** l'autre.
    Ex. **Tantôt** il rit, **tantôt** il pleure.

ALTERNATIVE:
Ou (bien) …   ou (bien) …
    Ex. **Ou** vous restez, **ou** vous partez.

SURENCHERE
Non seulement …   mais encore …
    Ex. **Non seulement** il fait du bruit, **mais encore** il ne s'en rend pas compte.

2 SEQUENCE TERNAIRE: Expressions développant un point en 3 PARTIES.

La séquence ternaire se prête idéalement à un développement qui nécessite une introduction (premier mot de charnière), un développement (un ou plusieurs mots intermédiaires de charnière) et enfin une conclusion (dernier mot de charnière).

Exemple de séquence particulièrement adaptée au plan chronologique:

D'abord …   **Ensuite …**   **Enfin …**

Exemple de séquence particulièrement adaptée au plan classification ou par inférence:

En premier lieu …   **En second lieu …**   **En dernier lieu …**

Exemple de séquence particulièrement adaptée au plan numérique:

C Premièrement …   **Deuxièmement …**   **Dernièrement …**

4 SEQUENCE COMPLEXE en plus de trois parties:

Pour ce genre de séquence, il suffit d'appliquer la séquence ternaire et d'ajouter à la partie centrale du développement les mots de la suite logique à la séquence choisie aussi souvent que nécessaire.

Exemple de séquence particulièrement adaptée au plan chronologique:

A D'abord...   **Ensuite ...**   **Puis ...**   **Enfin ...**

Exemple de séquence particulièrement adaptée au plan classification ou au plan par inférence:

B En premier lieu ...   **En second lieu ...**   **En troisième lieu ...**   **En dernier lieu ...**

Exemple de séquence particulièrement adaptée au plan numérique:

C Premièrement ...   **Deuxièmement ...**   **Troisièmement ...**   **Dernièrement ...**

3 PLACE DES MOTS DE TRANSITION

LES TRANSITIONS SANS MOTS DE TRANSITION

Un texte doit être cohérent. Les différentes idées qui se succèdent s'associent entre elles par un tissu logique s'articulant autour des transitions. Celles-ci permettent le passage d'une idée à l'autre. Elles se font entre les phrases, entre les paragraphes et entre les parties d'un texte. Il arrive que les transitions se fassent naturellement, sans l'aide d'aucun mot spécial. Ainsi, lorsqu'on transite d'une phrase à l'autre, le simple sens peut suffire sans besoin de marque spécifique.

    Ex.: Mon père est arrivé à 8 heures. Nous avons mangé à 8 heures 15.

LES MOTS DE TRANSITION

Cependant, il est fréquent que les transitions entre les phrases se fassent à l'aide de mots spéciaux que l'on appellera les mots de transition. Ces mots indiquent le rapport qui existe entre les phrases qu'ils relient.

    Ex.: Mon père est arrivé à 8 heures. **Donc**, nous avons mangé à 8 heures 15.

Dans l'exemple ci-dessus, la notion apportée par le mot «Donc» est un rapport de conséquence que l'on ne voit pas dans la phrase A.

L'ensemble des mots de transition d'un texte constitue son armature naturelle.

LA PLACE DES MOTS DE TRANSITION

La place exacte du mot de transition est importante car elle ajoute une nuance de style importante. Un mot (ou une expression) de transition se situe toujours vers le début d'une phrase ou d'un paragraphe. Ce mot peut être:

– LE PREMIER MOT DE LA PHRASE

    Ex.: Je vais vous parler de mon école. **D'abord**, je vais en mentionner les bons côtés …
    Ex.: Il a échoué à son examen. **Néanmoins**, il me semble que …

Dans les phrases où le mot de transition est le premier mot, le style est plus abrupt, plus dogmatique. Dans une transition d'opposition, celle-ci sera plus forte et plus tranchante.

– PARMI LES PREMIERS MOTS DE LA PHRASE

Cependant, même si c'est souvent sa place, le mot de transition n'est pas obligatoirement le premier mot du texte. Il se place parfois après l'amorce de la phrase. Dans ce type de phrases, le style est plus coulant, plus fluide. Dans une transition d'opposition, celle-ci sera moins violente.

    Ex.: Je vais vous parler de mon école. Je vais **d'abord** en mentionner les bons côtés: …
    Ex.: Il a échoué à son examen. Il me semble **néanmoins** que …

C LEXIQUE

Le numéro des pages renvoie à des explications détaillées des mots mentionnés ou à des questions d'analyse de texte où le mot en question est mis en contexte.

Alterné
Se dit d'un plan comparatif ou dialectique qui a pour but de mettre en évidence, à partir des thèmes communs, les ressemblances et les différences du plan comparatif, et les avantages et les inconvénients du plan dialectique. (voir pour le plan comparatif: pp. 64, 66-67, 74-75; pour le plan dialectique: pp. 83-85, 88-90)

Analogique
Se dit d'un plan comparatif qui a pour but de mettre en évidence les ressemblances ou analogies entre deux termes de comparaison. (voir pp. 63-64 et 68)

Antériorité
Caractère de ce qui est antérieur à autre chose dans le temps. (voir analyse de texte: p. 27)

Antithèse
Opposition de deux pensées ou de deux expressions que l'on rapproche pour en faire mieux ressortir le contraste. (voir analyse de texte: p. 29)

Argument
Preuve, raison qui appuie une affirmation, une thèse, une demande

Avantage
Atout inhérent à une chose. Le plan des avantages a pour but de mettre en évidence les côtés positifs de l'objet étudié. (voir pp. 83 et 86)

Basculement
Phénomène que l'on observe dans des compositions basées sur certains types de plans comparatifs et dialectiques. Dans ces compositions qui se présentent en deux grandes parties, le basculement est le fait de passer d'une partie à l'autre du développement. (voir plan comparatif binaire: p. 70 ; plan comparatif antithétique: p. 72 ; plan dialectique binaire: p. 88 et plan dialectique alterné: p. 89)

Binaire
Se dit d'un type de plan composé de deux éléments, de deux parties principales.
Le plan comparatif peut être binaire lorsqu'il présente dans une partie les ressemblances et dans l'autre partie les différences (voir pp. 63-64 et 70-71)
Le plan dialectique peut aussi être binaire lorsqu'il présente dans une partie les avantages et dans l'autre les inconvénients (voir pp. 83-84 et 88)

Catégorie de plans
Il y a 5 catégories de plans à savoir: le plan chronologique, le plan inventaire, le plan par inférence, le plan comparatif et le plan dialectique. Chacune de ces catégories de plans se subdivise en plusieurs types de plans. (p. 5)

Chronologie   voir **catégorie de plan**
La chronologie est une succession d'événements dans le temps. (voir p. 21)

Classification
Se dit d'un plan inventaire qui a pour but de mettre en évidence les thèmes, catégories ou centres d'intérêt qu'offre l'étude d'un sujet spécifique. (voir pp. 35-36 et 38)

Comparaison   voir **catégorie de plan**
La comparaison est le fait d'envisager ensemble deux ou plusieurs objets de pensée pour en chercher les différences et / ou les ressemblances. (voir p. 63)

Compte à rebours
Se dit d'un plan chronologique dont le déroulement temporel, tourné vers le futur, décompte le temps vers un point du futur qui constitue le moment zéro de l'action. (voir p. 21)

Concession
Action d'accorder, d'abandonner de son propre gré à la thèse adverse un point de discussion. (voir analyses de texte pp. 40, 41 et 68)

Conventionnel
Se dit d'un plan par inférence qui combine dans une même composition les plans inductif et déductif. (voir pp. 50 et 56)

Déductif
Se dit d'un plan par inférence qui part d'une généralisation, d'une règle, d'une conséquence et développe ensuite les exemples ou les causes. (voir pp. 47-48 et 51-53)

Déduction
Procédé de pensée par lequel on conclut d'une ou de plusieurs propositions données à une proposition qui en résulte, en vertu de règles logiques. (voir p. 47)

Déroulement
Phénomène lié au plan déductif: l'idée, la généralisation ou la conséquence en rapport avec le sujet étudié est présentée dans un premier temps à partir duquel sont ensuite présentés et déroulés les exemples, détails ou causes. (p. 47)

Dialectique   voir **catégorie de plans**
La dialectique est l'ensemble des moyens mis en œuvre dans la discussion en vue de démontrer, de réfuter, d'emporter la conviction. (voir p. 83)

Différencié
Se dit d'un plan comparatif qui a pour but de mettre en évidence les nuances, différences ou contrastes entre deux termes de comparaison (voir pp. 63, 65 et 69)

Elargissement
Action de rendre plus large, plus ample le sujet de la composition lorsqu'il s'agit de conclure en généralisant sur quelque chose de moins directement relié au sujet mais toujours en rapport avec lui cependant. (voir analyses de texte: pp. 10, 75 et 87)

Enroulement
Phénomène lié au plan inductif : les exemples ou causes en rapport avec le sujet étudié sont présentés dans un enroulement autour de l'idée, de la règle ou de la conséquence qui suit (p. 48)

Evolutif
Se dit d'un plan inventaire qui a pour but de mettre en évidence les différents éléments étudiés dans la composition en les plaçant selon un ordre ou une évolution spécifique dont les plus courantes sont l'évolution ascendante et l'évolution descendante. (voir pp. 35-36 et 39-41)

Inconvénient
Désavantage inhérent à une chose qui, par ailleurs, est ou peut être bonne. Le plan des inconvénients a pour but de mettre en évidence les côtés négatifs de l'objet étudié. (voir pp. 83-84 et 87)

Inductif
Se dit d'un plan par inférence qui montre d'abord les exemples ou les causes et termine par une règle, une généralisation ou une conséquence. (voir pp. 48-49, 54 et 55)

Induction
Opération mentale qui consiste à remonter des faits à la loi, de cas donnés le plus souvent singuliers ou spéciaux, à une proposition plus générale. (voir p. 48)

Inférence   voir **catégorie de plans**
Une inférence est une opération logique par laquelle on admet une proposition en vertu de sa liaison avec d'autres propositions déjà tenues pour vraies. L'induction et la déduction sont les deux types d'inférence majeurs étudiés ici. (voir p. 47)

Inventaire   voir **catégorie de plans**
Un inventaire est l'opération qui consiste à énumérer et à décrire tous les éléments constitutifs d'un ensemble donné. (voir p. 35)

Mot de transition
Les mots de transition sont des mots qui servent à joindre des phrases ou des paragraphes entre eux. (voir pp. 117-122)

Numérique
Se dit d'un plan qui a pour but de mettre en évidence les différents sujets traités en les comptabilisant. (voir pp. 35 et 37)

Ordre
A l'intérieur d'une composition, l'ordre représente la présentation et l'évolution des divers éléments étudiés selon différentes logiques, comme la logique par ordre croissant ou ascendant, décroissant ou descendant, chronologique, numérique, déductif, inductif, etc. Chaque type de plan présente donc ses éléments selon un ordre qui lui est spécifique (voir pp. 21, 35, 47-49, 63-64 et 83)

Point de comparaison (PC)
Aspect spécifique aux termes de comparaison qui sont retenus pour être comparés. (p. 63)

Périphrase
Figure qui consiste à exprimer une notion qu'un seul mot pourrait désigner par un groupe de plusieurs mots. (voir analyse de texte p. 39)

Prétérition
Figure par laquelle on attire l'attention sur une chose en déclarant n'en pas parler. Ex.: M. X, pour ne pas le nommer... (voir analyse de texte p. 40)
exemples : il va sans dire que / X, pour ne pas le nommer, / Inutile de dire que / je ne parlerai pas de..

Prise de position
C'est le fait de prendre délibérément une position subjective après en avoir normalement exposé objectivement et exhaustivement tous les aspects contradictoires. La prise de position se fait généralement dans la conclusion de la composition et se trouve surtout dans la composition comparative (lorsque l'on choisit un terme de comparaison plutôt qu'un autre) et aussi dans la composition dialectique (lorsque l'on trouve plus d'avantages que d'inconvénients ou l'inverse). (voir analyses de texte pp. 77, 86 et 89)

Progressif
Se dit d'un plan chronologique dont le déroulement temporel est dirigé vers le futur en suivant l'ordre dans lequel les faits se sont produits. (voir pp. 21-22 et 24-25)

Question rhétorique
Question posée non pour solliciter une réponse mais pour créer un effet plus fort qu'une affirmation directe. (voir p. 10) Exemple pris dans Le Cid , lorsque Chimène voit Rodrigue chez elle après le duel : Elvire, où sommes-nous ? Et qu'est-ce que je vois ?Rodrigue en ma maison ! Rodrigue devant moi !

Restriction
Ce qui restreint le développement, la portée de quelque chose, généralement introduit par des mots ou des expressions comme: cependant, à la vérité, d'ailleurs, du moins, du reste, ... (voir analyses de texte: pp. 58 et 73)

Rétro-progressif
Se dit d'un plan chronologique dont le déroulement temporel est dirigé vers le passé et coupé en tranches. A l'intérieur de chacune de ces tranches temporelles, le déroulement chronologique peut être rétrospectif (selon l'ordre inverse de la chronologie réelle) ou progressif (selon l'ordre chronologique réel). (voir pp. 21-22 et 27)

Rétrospectif
Se dit d'un plan chronologique dont le déroulement temporel est dirigé vers le passé et donc à l'inverse de l'ordre chronologique réel. (voir pp. 21-22 et 26)

Schéma
Ensemble des grandes lignes, des points principaux qui permettent de comprendre un projet, un ouvrage.

Séquentiel
Se dit d'un plan comparatif qui a pour but d'étudier chaque terme de comparaison consécutivement en les contrastant sur une série de thèmes communs (voir pp. 64, 66 et 72-73)

Structure
Schéma de toute composition en trois parties qui sont: introduction, développement et conclusion. (voir pp. 9-11)

Terme de comparaison (TC)
Dans une comparaison, les termes de comparaison sont les deux objets à comparer. (voir p. 63)

Ton
Le ton exprime la tonalité d'un texte et indique quel état d'esprit l'écrivain veut projeter dans son œuvre. Le ton peut être très varié: formel ou intime, solennel ou badin, abstrus ou simple, sérieux ou ironique, comique ou tragique, etc. (voir p. 14)

Transition
voir **mot de transition**

Type de plan
Plan qui se caractérise par un ou plusieurs aspects qui lui sont propres. Dans chaque catégorie de plans, il y a toujours plusieurs types de plans. (voir p. 5)

D TECHNIQUES STYLISTIQUES

Dans cette partie, on trouvera quelques idées et exemples spécifiques à la technique de l'écriture permettant d'aborder les points suivants :

- comment écrire une introduction
- comment écrire une conclusion
- comment écrire un paragraphe
- comment écrire une transition
- travailler son style

COMMENT ÉCRIRE UNE INTRODUCTION ?   voir p. 11

Sujet : « Un seul être vous manque et tout est dépeuplé ». Lamartine

Une introduction se divise en **trois** parties, à savoir :

    1 * le thème   2 ** l'idée   3 *** la problématique

1 * LE THÈME (diverses manières de commencer)
Il faut éviter d'être, trop abrupt ou de dire une banalité. Voici quelques manières de commencer l'introduction par :

Une question
* Qui n'a jamais souffert suite à la perte d'un être cher ?
* Quels sont les effets de la perte d'un être cher ?

Une anecdote ou un exemple
* Dans *Tristan et Iseult*, lorsque Tristan meurt, Iseult ne peut supporter cette séparation et elle meurt aux côtés de son amant.

Une généralité
* La perte d'un être cher n'est pas sans effets profonds et durables sur celui qui reste.
* La perte d'un être cher amène une profonde souffrance psychologique et même physique sur celui qui reste.

Un paradoxe (qui est aussi une citation dans ce cas)
« Un seul être vous manque et tout est repeuplé » a écrit Giraudoux.

2 ** L'IDÉE (Dans cette partie, il faut amener la citation et la thèse de l'auteur)
Il s'agit ici de faire le lien entre le thème déjà annoncé et l'idée dans laquelle ce thème a toute sa place.
Il faut répondre à la question : que s'agit-il de discuter à propos de ce thème ?
La citation à traiter prendra naturellement place dans cette partie-ci. Elle sera amenée en douceur et non artificiellement ou sans préparation. De plus, elle sera suivie d'une phrase explicative de la thèse de l'auteur, c'est-à-dire la réponse à la question : Que veut dire cette citation, ou que veut dire l'auteur par cette citation ?

Question :
* Qu'entraîne la perte d'un être cher ? ** Lamartine a donné sa réponse à cette question dans son célèbre vers : « Un seul être vous manque et tout est dépeuplé. »Pour lui, il est clair que la séparation ou la perte de quelqu'un que l'on aime est source de dommages irréparables.

Anecdote :
*Dans *Tristan et Iseult*, lorsque Tristan meurt, Iseult ne peut supporter cette séparation et elle meurt aux côtés de son amant. ** On voit clairement que les effets de l'absence peuvent être irrémédiables. C'est de cela que parle Lamartine dans son célèbre vers : « Un seul être vous manque et tout est dépeuplé. »

Généralité :
* La perte d'un être cher n'est pas sans effets profonds et durables sur celui qui reste. ** Pour Lamartine, « un seul être vous manque et tout est dépeuplé », ce qui indique que l'on reste inconsolable dans un cas pareil et que personne ne peut combler le trou causé par l'absence de l'être aimé.

3 *** LA PROBLÉMATIQUE (clarifier le sens de l'énoncé puis poser la problématique)

Cette partie, la plus délicate, consiste à montrer le problème que cause la citation à étudier et qui provient du fait que l'on ne peut généralement pas adopter une citation d'emblée et dans son ensemble car il faut toujours tenir compte des aspects restrictifs qu'elle comporte. Nous présenterons deux techniques permettant de poser la problématique :

Technique 1 : série de questions

*Une technique de présenter la problématique est de poser des **questions** (3 ou 4 au maximum) : la première sera pour clarifier le sens de l'énoncé, les suivantes pour cerner les contours du problème tout en amenant des notions de dérogations ou d'exceptions à la thèse de l'auteur. Cela contribue à créer une antithèse ou à tout le moins un pôle de réserves qui seront autant d'arguments à opposer à la thèse de l'auteur.*
La forme interro-négative est souvent utilisée car elle permet d'amener en douceur le lecteur vers l'idée que l'on lui suggère.

1ᵉʳ exemple d'introduction complète :

* L'homme est un être sociable habitué à vivre au contact de ses congénères. Ce contact est en fait un réel besoin pour que l'homme soit équilibré et épanoui. ** Cela est particulièrement vrai dans le domaine des sentiments et Lamartine est même allé jusqu'à écrire : « Un seul être vous manque et tout est dépeuplé », voulant signifier que l'on reste inconsolable lorsqu'on est quitté par celui qu'on aime. *** Quel type de manque peut donc avoir des effets aussi dévastateurs que ceux décrits par Lamartine ? Le facteur temporel ne peut-il pas résoudre ce problème en apparence paradoxal ? D'autre part, le manque ou l'absence de quelqu'un ne peut-il pas, dans les cas de conflits, apporter des effets positifs ?

Technique 2 : série d'affirmations générales

*Une autre technique de présenter la problématique est d'utiliser une série **d'affirmations** (3 ou 4 au maximum et qui correspondent aux questions de la technique 1 ci-dessus). Ces affirmations se garderont d'être dogmatiques ou exclusives : au contraire, elles seront plutôt de portée générale, de préférence au conditionnel, et introduites par des locutions de verbes impersonnels du genre : il semble que, il se pourrait que, il est d'usage que, etc. qui ménagent un espace de réponse assez large pour couvrir les possibilités depuis l'adhésion à la citation jusqu'à sa contradiction.*

2· exemple d'introduction complète :

* L'homme est un être sociable habitué à vivre au contact de ses congénères. Ce contact est en fait un réel besoin pour que l'homme soit équilibré et épanoui. ** Cela est particulièrement vrai dans le domaine des sentiments et Lamartine est même allé jusqu'à écrire : « Un seul être vous manque et tout est dépeuplé », voulant signifier que l'on reste inconsolable lorsqu'on est quitté par celui qu'on aime. *** Réfléchir à cette citation pousse automatiquement à définir le type de manque qui peut avoir des effets aussi dévastateurs que ceux décrits par Lamartine. On peut se demander si le facteur temporel ne pourrait pas résoudre ce problème en apparence paradoxal. D'autre part, il semblerait que le manque ou l'absence de quelqu'un peut, dans des cas de conflits, apporter des effets positifs.

COMMENT ÉCRIRE UNE CONCLUSION ?   Voir p. 11

Sujet : « Un seul être vous manque et tout est dépeuplé ». Lamartine

Une conclusion se divise en **deux** parties :

1 * la synthèse   2 ** l'élargissement

1 LA SYNTHÈSE

Une synthèse ne doit pas se borner à être un simple résumé. Certes, elle peut brièvement reprendre les choses essentielles de l'analyse mais encore faut-il clore cette partie de la conclusion.
Pour cela, une manière intéressante est de chercher, chaque fois que c'est possible, à dépasser le dernier stade du développement en répondant à la question :
*Quelle est la **conséquence** de ce qui a été dit et débattu dans le développement ?*
Donc, il faut toujours essayer de terminer sur ce que le débat et l'analyse ont apporté de nouveau et de constructif.

* La perte soudaine d'un être cher ou une rupture brutale dans un moment de grand amour est comme une petite mort. L'être humain souffre devant une telle situation. Par ailleurs, la durée dans l'amour est un élément crucial que peu de gens arrivent à bien gérer. La présence de l'autre peut se révéler lourde et difficile à supporter. Dans les deux cas, la dimension sociale de l'être humain est évidente. Réussir à faire du temps un élément positif et non destructeur semble être une condition nécessaire pour ne pas sombrer dans la tristesse et la solitude.

2 L'ÉLARGISSEMENT : « C.O.Q. S.E.C. »

Elargir le sujet n'est pas facile à faire. En effet, il faut sortir du sujet traité en douceur, et donc graduellement.
*Pour cela, on peut utiliser un des six moyens ci-dessous connus sous le nom de « **C.O.Q. S.E.C.** » :*

1 C.OMPARAISON
** Le vide laissé dans la vie par la mort d'un être cher est un thème fréquent dans la littérature romantique et le mal décrit par Lamartine est aussi, entre autres, celui du Victor Hugo des *Contemplations* aux accents élégiaques poignants.

2 O.PINION PERSONNELLE
** Je pense que la souffrance causée par l'absence d'un être cher est, par sa profondeur, le reflet de l'intensité de l'amour porté au disparu.

3 Q.UESTION RHÉTORIQUE
** Qui, devant la souffrance causée par le départ d'un être cher, ne peut s'attarder et s'apitoyer sur le sort de ceux qui restent ?

4 S.OLUTION AU PROBLÈME POSÉ
** Vu la dépendance que nous avons envers autrui, la solution au problème de l'absence ne serait-elle pas après tout de ne pas s'attacher et d'ainsi éviter la souffrance ?

5 E.SPRIT (TRAIT D'-)
** Eviter la souffrance serait bien sûr l'idéal, mais sans souffrance y aurait-il joie et bonheur ?

6 C.ITATION
** … A ce propos, Giraudoux a d'ailleurs malignement écrit : « un seul être vous manque et tout est repeuplé. »

Exemple de conclusion complète :

* La perte soudaine d'un être cher ou une rupture brutale dans un moment de grand amour est comme une petite mort. L'être humain souffre profondément face à une telle situation. Par ailleurs, la durée dans l'amour est un élément crucial que peu de gens arrivent à bien gérer. La présence de l'autre peut se révéler lourde et difficile à supporter. Dans les deux cas, la dimension sociale de l'être humain est évidente. Réussir à faire du temps un élément positif et non destructeur semble être une condition nécessaire pour ne pas sombrer dans la tristesse et la solitude. ** Eviter la souffrance serait bien sûr l'idéal, mais sans souffrance y aurait-il joie et bonheur ?

COMMENT ÉCRIRE UN PARAGRAPHE ?

Un texte est toujours divisé en paragraphes. Un paragraphe est une subdivision de texte en prose, marquée par un retrait de ligne à son début et un retour à la ligne à sa fin. Le but d'un paragraphe est de mettre en évidence une idée spécifique.

La structure générale d'un paragraphe est normalement la même que celle qui sous-tend tout texte :

- *l'introduction*
- *le développement*
- *la conclusion*

L'introduction et la conclusion seront respectivement la première et la dernière phrase du paragraphe. Chacune doit clairement montrer sa fonction par l'usage des mots de transition et des généralités et élargissements qui doivent annoncer et clore le texte du paragraphe.

*Il existe une multitude de façons de tourner un paragraphe, mais d'une manière générale, pour qu'un paragraphe soit clair, il convient d'adopter l'**une** des deux principales approches de paragraphes suivants :*

- *l'approche déductive interne au paragraphe*
- *l'approche inductive interne au paragraphe*

*Type de paragraphe **déductif** : le thème est souligné.*

Pour réussir dans la vie, l'intelligence est un atout absolument nécessaire. Tout le monde n'a pas le même degré d'intelligence comme cela est apparent dès les premières années de scolarité. Heureux donc ceux qui ont naturellement un esprit vif et une compréhension rapide des choses, car ils bénéficient d'un atout considérable pour mener à bien leur vie.

*Type de paragraphe **inductif** : le thème est souligné.*

Tout le monde peut-il réussir ? Il semble bien que non car autrement il y aurait beaucoup plus de gens riches. Alors pourquoi seulement certains arrivent-ils dans la vie ? Cette question pose le problème des capacités intellectuelles de chaque individu. On voit très bien, dès les premières années de scolarité, que tous n'ont pas la même vivacité d'esprit ni la même compréhension rapide des choses. Heureux donc ceux qui bénéficient de cet atout considérable qu'est l'intelligence qui devrait leur permettre de mener à bien leur vie.

Par-delà le type de plan utilisé, l'organisation des divers éléments à l'intérieur du paragraphe est fonction du choix de celui qui écrit. Ainsi, on peut adopter l'ordre d'idées que l'on veut, par exemple un ordre séquentiel de type temporel ou inventaire.

*Type de paragraphe **déductif** avec déroulement séquentiel temporel : la structure temporelle est soulignée.*

Pour réussir dans la vie, l'intelligence est un atout nécessaire. Dès les premières années de scolarité, les différences entre élèves se voient d'une manière plus qu'évidente. Les études universitaires continuent à sélectionner les plus doués. Plus tard, dans le domaine professionnel, la promotion et l'avancement sont souvent fonction du jugement de chaque individu. Tout le long de la vie, l'intelligence se révèle un atout indispensable pour mener à bien ses affaires.

*Type de paragraphe **inductif** avec déroulement séquentiel inventaire :* <u>la structure inventaire est soulignée.</u>

Tout le monde peut-il réussir ? Il semble bien que non car autrement il y aurait beaucoup plus de gens riches. Alors pourquoi seulement certains arrivent-ils dans la vie ? <u>Tout d'abord,</u> tout le monde n'est pas équipé de la même capacité intellectuelle. <u>Ensuite</u>, certains savent utiliser leur jugement à bon escient en sautant sur les occasions à ne pas manquer là où certains ne savent pas se décider. <u>Enfin</u>, d'autres savent aussi appliquer leur raison et se retenir d'agir sous le coup d'une impulsion ou d'une impression mal ressenties. Heureux donc ceux qui bénéficient de ce atout considérable qu'est *l'intelligence* qui devrait leur permettre de mener à bien leur vie.

COMMENT ÉCRIRE UNE TRANSITION ?
(voir pp. 117-122)

Une transition est une manière de passer d'un raisonnement à un autre, de lier les parties d'un discours. Dans un texte, une transition assure généralement une fonction de liaison à l'aide d'un mot de transition.

Il y a plusieurs types de transition :

La transition rigide et formelle

Faire une transition peut être très facile, si l'on décide d'adopter, dans son plan, un mode classique qui clôt chaque paragraphe avec une conclusion claire et nette et qui commence chaque nouveau paragraphe avec un mot de transition qui éclaire un nouvel aspect du sujet.

Ce type de transition est courant avec des plans très formels. On peut voir de tels exemples extrêmes dans la composition de la page 27 (plan rétro-progressif) et celle de la page 37 (plan numérique) qui offrent toutes deux une série de transitions rigides et conventionnelles.

La transition souple

Il est assez peu courant d'utiliser systématiquement des séries de transitions formelles dans une composition, sauf à des fins spécifiques d'ordre administratif ou professionnel. En effet, on risquerait alors de tomber dans un rythme répétitif et peu liant qui n'inciterait pas à la lecture.

Pour lier les parties d'un discours, il existe d'autres manières de faire des transitions comme celle qui consiste à placer un mot de transition parmi les premiers mots de la première phrase du paragraphe. Cette manière a déjà été démontrée à la page 122.

Enfin, une autre manière de faire une transition est celle qui consiste à vraiment considérer la transition comme le lien entre 2 paragraphes et non pas seulement comme la première partie d'un nouveau paragraphe.

En effet, on a tendance à ne considérer bien souvent la transition que par rapport au début du paragraphe. Or, dans bien des cas, la transition concerne également la fin du paragraphe précédent. Il faut alors bien veiller au passage des idées d'un paragraphe à l'autre au moment précisément où l'on change de paragraphe.

Une bonne manière de créer une transition est de s'assurer que la fin du paragraphe contient déjà le germe de ce qui va être développé dans le paragraphe suivant. Il existe un grand nombre de moyens de faire cette union entre les deux paragraphes. La logique qui unit les paragraphes entre eux est en général une logique semblable à celle des différents types de plans.

On peut, par exemple, conclure un paragraphe en faisant allusion à un aspect **antinomique** de ce que l'on vient de traiter, ce qui permet de continuer le prochain paragraphe sur la lancée de cette idée (ici, le fatalisme) dans une logique dialectique :

...Dans notre société, l'épicurisme est donc devenu le moyen le plus répandu de vivre sa vie même si un grand nombre de personnes, à cause des difficultés rencontrées dans leur vie quotidienne, ont adopté une attitude philosophique fataliste.

En effet, le fatalisme est lui aussi extrêmement répandu, surtout parmi les basses classe de la population : ...

On peut aussi conclure un paragraphe en faisant allusion à un aspect **parallèle** à ce que l'on vient de traiter, ce qui permet de continuer le prochain paragraphe sur la lancée de cette idée dans une logique comparative :

...Dans notre société, l'épicurisme est donc devenu un moyen très répandu de vivre sa vie. Il est même assez facile de concilier l'épicurisme avec une autre philosophie très à la mode : le matérialisme.

Car que dire du matérialisme sinon qu'il est, pour beaucoup de personnes, la substance même qui va leur permettre d'être épicurien, dénaturant du même coup l'idéal philosophique d'Epicure...

On peut également conclure un paragraphe par un élément **chiffré** (et ici restrictif) qui place la transition dans une logique inventaire numérique :

...Cette attitude philosophique est de nos jours très répandue même si elle ne vient qu'en second lieu.

En effet, aujourd'hui, la grande philosophie qui prévaut est...

Ainsi donc, il existe un grand nombre de types de transition, de la même manière qu'il existe un grand nombre de type de plans (21 dans cet ouvrage). On peut aisément imaginer de créer des transitions en variant les logiques utilisées qui président à l'élaboration des types de plan, comme les trois exemples ci-dessus l'ont fait.

Annexes

TRAVAILLER SON STYLE

Tant à l'oral qu'à l'écrit, il faut faire le maximum pour écrire un français de qualité.

Un effort particulier est demandé notamment au niveau du vocabulaire pour utiliser un vocabulaire recherché et varié en faisant appel aux synonymes aussi souvent que possible.

Malheureusement, certains mots apparaissent beaucoup trop souvent sous la plume des élèves alors qu'il existe souvent de nombreux synonymes qui pourraient avantageusement être utilisés.

On donnera deux exemples typiques de ce phénomène :

Voici une phrase courante lors de l'analyse de texte : *Le texte à expliquer* **parle de** *la mort.*

Le verbe **parler** dans ce sens est outrageusement utilisé alors qu'un grand nombre d'autres verbes peuvent souvent très bien le remplacer :

> Analyser
> Etudier
> Explorer
> Faire allusion à
> Faire référence à
> Observer
> présenter
> Scruter
> Toucher à
> Traiter de, etc

De même, on entend souvent des phrases du genre *: Il y a deux* **aspects** *principaux dans ce texte.*

Sans même s'étendre sur l'utilisation indigeste de l'expression « il y a » dont on peut facilement éviter l'usage avec un peu d'imagination, nous nous pencherons sur le mot : « aspects ».

L'utilisation du mot « aspects » est louable. Cependant, on trouve souvent, à la place du mot « aspects » des mots de basse catégorie comme : « chose », ou de grande généralité comme : « partie » ou « thème ».

Voici une liste de noms qui, selon l'angle d'attaque du sujet, peuvent aussi être utilisés avantageusement :

> Angle
> Argument
> Article
> Côté
> Critère
> Elément
> Modèle
> Paramètre
> point
> Point de vue
> Question
> Référent
> Sujet, etc.

E TABLE DES MATIÈRES DÉTAILLÉE

* L'astérisque indique les compositions qui sont accompagnées d'un plan explicatif.

I INTRODUCTION 5

Qu'est-ce qu'une composition? 8

La structure d'une composition - Mes dernières vacances d'été 12

Le choix du plan   - Un voyage d'études à Paris 13

II LA COMPOSITION: TYPES DE PLANS 17

1 La chronologie: 19
    Qu'est-ce qu'une chronologie? 21

A Compositions balisées

A Plan progressif	- Un voyage d'études à Paris 1 *	24
	- Les conditions de la réussite 1	25
B Plan rétrospectif	- Tour d'Europe pour touristes américains *	26
C Plan rétro-progressif	- Un voyage d'études à Paris 2 *	27
D Plan compte à rebours	- L'année du baccalauréat *	28

B Compositions à analyser

- Le petit prince	29
- La vie de Napoléon	30
- La vie de mon grand-père	31

2 L'inventaire: 33
    Qu'est-ce qu'un inventaire? 35

A Compositions balisées

A Plan numérique	- Les bons côtés de mon école *	37
B Plan classification	- Les livres de ma bibliothèque *	38
C Plan évolutif ascendant	- Un voyage d'études à Paris 3 *	39
	- Les aspects de mon école que je déteste	40
D Plan évolutif descendant	- Un voyage d'études à Paris 4 *	41

B Compositions à analyser

- Un voyage d'études à Paris 5	42
- Les différentes philosophies de la vie	43
- Les différents types de professeurs	44

3 L'inférence:		45
Qu'est-ce qu'une inférence?		47

A Compositions balisées

A Plan déductif I	- L'histoire de ma vie récente 1 *	51
(conséquences - causes)	- Les conditions de la réussite 2	52
A Plan déductif II	- Les causes de la pollution *	53
(problème – causes - solutions)		
B Plan inductif	- L'histoire de ma vie récente 2 *	54
(causes - conséquences)	- Les conditions de la réussite 3	55
C Plan conventionnel	- L'histoire de ma vie récente 3 *	56

B Compositions à analyser

- Les causes de la défaite de Waterloo 1	57
- Les causes de la défaite de Waterloo 2	58
- La violence dans la société occidentale	59

4 La comparaison:	61
Qu'est-ce qu'une comparaison?	63

A Compositions balisées

I La comparaison partielle

A Plan analogique	- Le football et le rugby 1 *	68
(ressemblances)		
B Plan différencié	- Le football et le rugby 2 *	69
(différences)		

II La comparaison totale

C Plan binaire	- Le football et le rugby 3 *	70
(ressemblances - différences)		
D Plan séquentiel	- Le football et le rugby 4 *	72
E Plan alterné	- Le football et le rugby 5 *	74
	- Côte d'azur et Côte basque	76

B Compositions à analyser

- Internat et externat	77
- VW et Mercedes	78
- Courrier postal et courrier électronique	80

5 La dialectique:	81
Qu'est-ce que la dialectique?	83

A Compositions balisées
I L'argumentation partielle

A Plan des avantages	- Les avantages des examens *	86
B Plan des inconvénients	- Les inconvénients des examens *	87

II L'argumentation totale

C Plan binaire	- Avantages et inconvénients des examens 1 *	88
(avantages - inconvénients)	- Pour ou contre la télévision	89
	- Pour ou contre le mariage	90
D Plan alterné	- Avantages et inconvénients des examens 2 *	91

B Compositions à analyser

- Pour ou contre la démocratie — 92
- Que pensez-vous de la solitude? — 93
- Le métier de professeur — 94

6 Compositions à plan complexe — 95

- La victoire française au mondial de 1998 — 97
- Les conditions de la réussite 4 — 98
- La Suisse — 99

7 En route vers la dissertation: — 101
De la composition à la dissertation — 103

- «On ne naît pas femme, on le devient» Simone de Beauvoir — 104
- La discipline est la clé de la liberté — 105
- L'amour dans *La Symphonie pastorale* d'André Gide — 106
- «Un seul être vous manque et tout est dépeuplé» Lamartine — 107

III ANNEXES — 109

- A Liste de sujets de composition — 111
- B Mots de transition — 117
  - 1 mots de transition simple — 117
  - 2 mots de transition complexe — 120
  - 3 place des mots de transition — 122
- C Lexique — 123
- D Techniques stylistiques — 127
  - Comment écrire une introduction ? — 128
  - Comment écrire une conclusion ? — 130
  - Comment écrire un paragraphe ? — 132
  - Comment écrire une transition ? — 134
  - Travailler son style — 136
- E Table des matières détaillée — 137
- F Corrigés — 140

Bibliographie — 153

F CORRIGÉS

Corrigés des analyses de texte

L'abréviation «par.» signifie «paragraphe».

p. 12   Mes dernières vacances d'été: structure de composition
1. mes dernières vacances d'été
2. j'ai passé des vacances fantastiques
3. il y a 3 aspects qui sont: 1. le charme du pays basque, 2. les gens et 3. Sylvie.
4. Ce sont : le charme (**par. 2**), les gens (**par. 3**) et Sylvie (**par. 4**).
5. Le thème principal est le charme du Pays basque; les 2 sous-thèmes mineurs sont: le climat et la cuisine.
6. je veux repartir pour Biarritz l'été prochain
7. une comparaison entre la côte basque et un endroit qui pourrait rivaliser avec la côte basque.

p. 24   Un voyage d'études à Paris: plan chronologique progressif
1. Le passé composé: voir **paragraphes 2, 3, et 4**.
2. **Par. 2**, dernière phrase. Le temps utilisé est le plus-que-parfait
3. «auparavant»
4. le matin...   l'après-midi...   le soir... en fin de soirée...
5. dimanche matin... ensuite... puis...   enfin...

p. 25   Les conditions de la réussite: plan chronologique progressif
1. Ce sont: **par. 2**: «pendant la jeunesse»; **par. 3**: au début de la vie active; **par. 4**: «pendant la vie professionnelle».
2. C'est un ordre à la fois chronologique et, dans une certaine mesure, d'importance croissante.

p. 26   Tour d'Europe pour touristes américains: plan chronologique rétrospectif
1. Ce sont: au **par. 2**: «le dernier jour»; au **par. 3**: «la veille»; au **par. 4**: «l'avant-veille»; au **par. 5**: «les deux premiers jours».
2. C'est le plus-que-parfait.
3. Il est utilisé parce que la chronologie est rétrospective.
4. Le présent simple est utilisé car on développe une généralité et non des actions dans le passé.
5. Le ton est ironique.

p. 27   Un voyage d'études à Paris: plan chronologique rétro-progressif
1. C'est un développement chronologique rétrospectif qui unit les paragraphes entre eux.
2. Le paragraphe 3 présente une chronologie interne rétrospective
3. Les paragraphes 2 et 4 présentent une chronologie interne progressive.
4. Ces mots sont: «au soir», «l'après-midi», «en fin de matinée», «le matin.».
5. C'est le plus-que-parfait qui marque l'antériorité de toute action décrite par rapport à la précédente.
6. Ce sont: «le vendredi matin»; «l'après-midi»; «le soir».
7. C'est le passé composé car il y a une chronologie progressive.

p. 28   L'année du baccalauréat: plan chronologique compte à rebours
1   Il est commencé 10 mois avant.
2   Il y en a 6.
3   Ce sont: 10 mois avant; novembre; 6 mois avant; février; 3 mois avant; un mois avant.

p. 29   Le petit prince: composition à analyser
1   C'est un plan chronologique progressif: **par. 2**: arrivée sur terre; **par. 3** et **4**: différents événements sur terre; **par. 5**: mort du Petit Prince (ou son retour sur sa planète)
2   Il s'agit d'un récit car il y a un narrateur.
3   Il est bâti sur l'expression antithétique «par contraste».
4   Ces mots de transition sont: «cependant»; «d'une part»; «d'autre part»; «toutefois» et «donc».
5   La conclusion du **par. 4** est une critique du manque d'amour des hommes pour leur prochain.
6   L'antériorité du temps est indiqué par le verbe «avait quitté» au plus-que-parfait.
7   Ces 2 mots sont: au **par. 2**: «narrateur» et au **par. 5**: «dénouement».
8   *Le Petit Prince* projette une vision pessimiste et désabusée sur la nature égoïste de l'homme.

p. 30   La vie de Napoléon: composition à analyser
1   C'est un plan chronologique rétrospectif.
2   Les 2 premiers paragraphes sont réunis par «en effet» qui apporte une explication.
3   Il commence par la fin de la vie de Napoléon, l'exil, car le plan rétrospectif repart en arrière dans le temps.
4   Ce sont: au **par. 2**: l'exil; au **par. 3**: la défaite de Waterloo; au **par. 4**: le pouvoir; au **par. 5**: la jeunesse.
5   Le plus-que-parfait est utilisé aux **par. 3, 4** et **5** car le récit est alors rétrospectif.
6   Au **paragraphe 2**, le passé composé est utilisé car le récit commence et il n'y pas encore d'antériorité.
7   Napoléon, avec son destin exceptionnel, est un symbole et un modèle pour les petites gens qui aspirent à un état meilleur que le leur.
8   Le présent est utilisé dans la conclusion qui tire la leçon qu'inspire la vie de Napoléon pour les gens d'aujourd'hui.

p. 31   La vie de mon grand-père: composition à analyser
1   C'est un plan chronologique progressif.
2   Ce sont: **par. 2**: «ses matinées»; **par. 3**: «l'après-midi»; **par. 4**: «ses soirées».
3   Les mots marquant la fréquence au **par. 2** sont: «souvent», «toujours», «tous les jours», «rarement», «parfois» et «toujours».
4   Elle s'accommode généralement de l'imparfait.
5   L'effet du mot «jamais» a un effet d'irrévocabilité.
6   Ils sont présentés selon un effet de gradation de fréquence augmentative: jamais, souvent, toujours.
7   Ce sont: «jamais»; «toujours»; «toujours» et «jamais».

p. 37   Les bons côtés de mon école: plan numérique
1   Elle annonce, par le chiffre 4, le nombre de thèmes qui vont être traités.

2	Ce sont: l'ambiance, les professeurs, les camarades de classe et la cafétéria.
3	Aux **paragraphes 3** et **5**, on a varié en ne disant pas le numéro de l'élément traité: au lieu de deuxième élément, il y a «l'élément suivant» et au lieu de quatrième élément, il y a «comme dernier élément».
4	Ce sont: les couloirs, les classes, les murs, la sonnerie et la musique de fond.

p. 38   les livres de ma bibliothèque: plan classification

1. Ce sont: les livres pour enfants, les livres scolaires, les romans et les livres classiques.
2. C'est le mot: «quoique».
3. Ce sont: les livres d'histoire et de français.
4. Ce sont: le roman policier et le roman d'espionnage.
5. Ils sont présentés selon un ordre chronologique progressif d'utilisation: d'abord les livres pour l'enfance, puis ceux de l'école, ensuite les romans de loisir et enfin les classiques, les plus difficiles.

p. 39   Un voyage d'études à Paris: plan évolutif ascendant

1. Ce sont au **par. 2**: Versailles; au **par. 3**: Eurodisney; au **par. 4**: les monuments de Paris; au **par. 5**: l'atmosphère de Paris.
2. Malgré le début négatif du 2e paragraphe , la fin est positive.
3. Ce sont l'état d'épuisement dû aux files d'attente et le manque de lien logique entre Eurodisney et le monde culturel français.
4. Ce sont: les magasins, la cuisine, la vie nocturne et la croisière.
5. C'est: le Roi Soleil (par. 2) et la Ville lumière (par. 5).
6. C'est une comparaison entre Paris et une autre ville.

p. 40   Les aspects de mon école que je déteste: plan évolutif ascendant

1. C'est au **par. 4**: «le dernier aspect …»
2. Cela se voit au **par. 4**: «… je déteste le plus…» implique une gradation négative qui culmine ici.
3. **par. 3**, ligne 3: «quoiqu'il soit gentil…»
4. **par. 3**: «…pour ne pas dire que ce qu'il dit est parfois totalement inintelligible.»
5. Les avantages sont : 1 loger sur place 2 ne pas perdre de temps en transport quotidien.

p. 41   Un voyage d'études à Paris: plan évolutif descendant

1. **par. 1**: «Paris vaut bien le voyage»   **par. 2** : «…mérite le détour…»
   par. 3: «…intéressant…»   **par. 4**: «…pas du tout impressionné»
2. Ce sont: 1. les distractions (**par. 2**); 2. la culture (**par. 3**); 3. la gastronomie (**par. 4**); 4. Eurodisney (**par. 5**)
3. Ce sont: «…déborde…»; «…regorge…»; «…gigantesque…»; «…orgie…»
4. C'est: «…bien que l'épisode d'Eurodisney n'ait pas été de mon goût…»

p. 42   Un voyage d'études à Paris: composition à analyser

1. Il s'agit du plan inventaire progressif ascendant. Cela se voit clairement au début du **paragraphe 4** : l'aspect distractif de Paris, est ce qui: «… rend la capitale française unique et inimitable».
2. Ce sont: **par. 2**: la culture, **par. 3**: le côté ludique, **par. 4**: l'aspect distractif.

3	C'est le **paragraphe 3**: en premier lieu…, en second lieu…, en dernier lieu…
4	Les 3 aspects culturels sont: 1 le Château de Versailles; 2: la visite des monuments de Paris en bus; 3: le service religieux à Notre-Dame. La présentation est par ordre de progression ascendante: 1 impressionnants 2 orgie visuelle 3 somptueux
5	Les divertissements présentés sont: 1 les achats 2 la gastronomie 3 les distractions nocturnes. Ils sont présentés selon une progression chronologique ou séquentielle: tout d'abord… ensuite, … finalement.

p. 43 Les différentes philosophies de la vie: composition à analyser
1. Le type de plan inventaire appliqué ici est le plan classification.
2. Il y a en a 5: le stoïcisme, le cynisme, le fatalisme, le matérialisme, et l'épicurisme.
3. Elles sont classées de la plus stricte à la plus laxiste.
4. Il s'agit de l'épicurisme et du matérialisme (**par. 6**).
5. Il s'agit de l'épicurisme.

p. 44 Les différents types de professeurs: composition à analyser
1. Le type de plan inventaire appliqué ici est le plan classification.
2. Il y en a 5 : le professeur laxiste, copain, souffre-douleur, consciencieux et strict.
3. Ils sont présentés selon un ordre allant du moins professionnel au plus professionnel.
4. C'est: «À partir de ces divers types de professeurs…» expression qui regroupe les divers types de professeurs.

p. 51 L'histoire de ma vie récente: plan déductif I
1. Les expressions temporelles sont: «il y a deux ans» (**par. 2**); «comme j'approchais de la fin de ma convalescence» (**par. 3**); «plusieurs mois» (**par. 4**)
2. C'est que je suis triste: voir la fin de l'introduction.
3. 1e cause: je me suis cassé la jambe
4. 2e cause: ma petite amie m'a quitté
5. Conclusion légèrement philosophique
6. 3e cause: j'ai perdu mon emploi
7. Conclusion désabusée sur le sort des travailleurs
8. C'est ma nouvelle philosophie de la vie: laisser-faire

p. 52 Les conditions de la réussite: plan déductif I
1. Ce sont: l'intelligence, l'ambition, la patience et la chance.
2. Elles sont présentées selon un ordre chronologique ou séquentiel: «la première ….» (**par. 2**); «vient ensuite….» (**par. 3**); «enfin…» (**par. 3**).
3. Parce que cette condition ne peut pas vraiment être contrôlée.
4. La conséquence de bénéficier de ces conditions est le fait de réussir dans la vie.
5. Elle est présentée tout d'abord dans l'introduction.

p. 53 Les causes de la pollution: plan déductif II
1. La conséquence actuelle de l'apparition de la pollution est qu'elle est devenue un grave danger pour l'homme.

2	Elle apparaît dans l'introduction.
3	Ce sont: la pollution des plages (**par. 2**); la pollution de l'eau (**par. 3**); la pollution de l'air (**par. 4**).
4	La solution préconisée est de faire payer les pollueurs.
5	Elle apparaît dans la conclusion.

p. 54   L'histoire de ma vie récente: plan inductif

1	C'est un mot vague qui n'annonce rien de trop précis tout en orientant légèrement, selon le plan inductif.
2	Ce sont: la jambe cassée (**par. 2**); la rupture sentimentale (**par. 3**); la perte de l'emploi (**par. 4**)
3	La conséquence est: je suis très triste.
4	Ceci est mentionné dans la conclusion, donc après l'énoncé des causes selon l'ordre du plan inductif.

p. 55   Les conditions de la réussite: plan inductif

1	Elles sont destinées à orienter le lecteur et à ne pas dévoiler l'idée principale du texte qui doit arriver dans la conclusion.
2	Ce sont: la patience, l'ambition et l'intelligence, plus la chance dans une certaine mesure.
3	Elles sont présentées selon un ordre évolutif ascendant: **par. 3**: «la patience ne saurait être suffisante» (ce qui met en évidence la condition suivante); **par. 4** : « une condition encore plus importante» (ce qui indique que l'intelligence est la condition la plus importante, car c'est la dernière de la série).
4	Il est construit selon un raisonnement inductif car le thème développé (l'ambition) n'apparaît qu'à la fin du paragraphe.
5	La conséquence est le fait d'avoir de grandes chances de réussir dans la vie (conclusion).

p. 56   L'histoire de ma vie récente: plan conventionnel

1	Le déroulement déductif commence par la mention des 3 faits marquants de ma vie dès l'introduction : la fracture de ma jambe, la rupture avec mon amie et la perte de mon emploi. Puis les **paragraphes 2, 3** et **4** expliquent chacun à leur tour les circonstances de ces faits marquants.
2	Le déroulement inductif se trouve dans la présentation des 3 faits marquants dans les **paragraphes 2, 3** et **4** puis dans la reprise de ces thèmes dans la conclusion: «événements physique, sentimental et professionnel» .
3	Dans l'introduction, on trouve: «la fracture de ma jambe, la rupture avec mon amie et la perte de mon emploi» à quoi répond dans la conclusion la mention des mêmes thèmes: «événements physique, sentimental et professionnel». On retrouve donc les mêmes thèmes dans l'introduction et la conclusion.

p. 57   Les causes de la défaite de Waterloo 1: composition à analyser

1	Le plan par inférence appliqué ici est le plan déductif: dans l'introduction est donné le fait que Napoléon a mordu la poussière à Waterloo et les paragraphes suivants en donnent les causes.
2	Ce sont: A le nombre inférieur des troupes françaises; B le mauvais temps; C les

3	diverses trahisons et la méconnaissance du terrain par Napoléon; D l'incompétence du Général Grouchy.
3	Ce plan progresse chronologiquement, du mauvais temps de la veille de la bataille jusqu'au soir de la bataille lorsque Grouchy fait défaut.
4	Au paragraphe 2, on prétend ne pas vouloir s'étendre sur le fait que l'armée française était numériquement inférieure, tout en en parlant sur 3 lignes.

p. 58 Les causes de la défaite de Waterloo 2: composition à analyser
1. Le plan par inférence appliqué ici est le plan inductif: dans l'introduction, la bataille de Waterloo est présentée en termes généraux sans aucune indication sur son issue. Les **paragraphes 2, 3, 4** et **5** analysent ensuite les éléments de la bataille qui en expliquent l'issue, de plus en plus évidente avec chaque nouveau paragraphe.
2. Les éléments ayant joué un rôle important dans cette bataille sont: **par. 2**: le temps atmosphérique; **par. 3**: les diverses trahisons et la méconnaissance du terrain par Napoléon; **par. 4**: l'incompétence du Général Grouchy; **par. 5**: l'infériorité numérique des troupes françaises.
3. La conséquence est la défaite de Napoléon.
4. Cette conséquence est indiquée clairement dans la conclusion car, après avoir analysé les différents éléments causant la défaite, celle-ci est annoncée à la fin de la composition, selon le plan inductif.
5. La restriction, annoncée par «bien que...», concerne le fait que Napoléon livrait souvent bataille en état d'infériorité numérique.

p. 59 La violence dans la société occidentale: composition à analyser
1. Le type de plan appliqué ici est le plan déductif II (problème / causes / solutions).
2. L'idée majeure est que la violence génère l'insécurité.
3. Les causes de la violence sont: A **par. 2**: le trop de liberté; B **par. 3**: la grande liberté d'acquisition des armes à feu; C **par. 4**: la crise économique; D **par. 5**: le laxisme de la justice.
4. La solution au problème de la violence est une reprise en main de la situation par les démocraties avec davantage de réglementation et une prise de mesures énergiques. Elle est proposée dans la conclusion.

p. 68 Le football et le rugby: plan analogique
1. Il y en a 4: le jeu, l'équipe, la popularité et la violence.
2. Qu'il y ait 11 ou 15 joueurs, l'affirmation reste vraie: ce sont des équipes nombreuses
3. Ce mot est: «certes».
4. à l'intérieur des **par. 2** et **3**, les deux sports sont traités conjointement alors qu'à l'intérieur des **par. 4** et **5**, ils sont traités successivement.
5. Le football et le rugby ne se ressembleraient pas beaucoup en dépit des ressemblances présentées.

p. 69 Le football et le rugby: plan différencié
1. l'introduction de ce plan contrasté commence par une ressemblance entre les deux sports.
2. Le thème de chaque paragraphe (au **par. 2** le jeu et au **par. 3** l'équipe) est analysé simultanément dans les deux sports que sont le football et le rugby.

p. 70   **Le football et le rugby: plan binaire**
1. Le raisonnement du **paragraphe 2** est déductif: une généralité suivie d'exemples.
2. Dans le **paragraphe 10**, chaque TC (football et rugby) est étudié séparément vis-à-vis du même PC (violence).
3. Les **paragraphes 2 à 5** traitent des ressemblances et les **paragraphes 7 à 10** des différences.
4. La composition bascule au **paragraphe 6**.
5. Le mot qui marque le basculement est le mot «cependant».
6. 2 arguments atténuent la violence dans le rugby: 1 l'atmosphère conviviale dans les gradins; 2 la valeur cathartique du rugby par le spectacle d'une certaine violence.
7. Il est difficile d'établir une comparaison entre les ressemblances et les différences d'un même PC car elles sont présentées trop loin les unes des autres dans le texte.

p. 72   **Le football et le rugby: plan séquentiel**
1. Elle est longue car chaque point de comparaison est présenté deux fois dans le texte, chaque fois sous la rubrique d'un TC différent.
2. En traitant les PC séparément et à distance, il peut être difficile d'établir des rapports entre eux.
3. Le mot annonçant la conclusion du paragraphe est «ainsi».
4. La restriction est contenue dans la phrase «quoiqu'une certaine adresse soit nécessaire en rugby».
5. L'atténuation est contenue dans la phrase «si l'on peut donner un tel nom au sujet du phénomène…».
6. Elle bascule au **par. 6**, lorsque débute la présentation du deuxième TC, le rugby.
7. Les deux éléments sont le fait que ces deux sports sont en pleine expansion et qu'ils ne se concurrencent pas.

p. 74   **Le football et la rugby: plan alterné**
1. Il y a 4 thèmes développés sur 6 paragraphes.
2. Les thèmes de l'histoire et du jeu sont développés chacun sur 2 paragraphes.
3. Le **paragraphe 2** traite de la genèse du rugby et le **paragraphe 3** du rugby aujourd'hui.
4. Le développement de la structure interne du **paragraphe 7** est déductif : le thème, la violence apparaît dans la 1ᵉ phrase et est ensuite étudié tout à tour dans le football et le rugby.
5. L'accent est mis sur une absence de rivalité entre les deux sports et donc une sorte de cohabitation pacifique.

p. 76   **La Côte d'azur et la Côte basque: plan alterné**
1. Il y a 4 thèmes sur 4 paragraphes.
2. Le déroulement de la structure interne des **paragraphes 2, 3, 4** et **5** est déductif: chaque thème est tout d'abord analysé par rapport à une destination touristique puis par rapport à la seconde.

p. 77   **Internat et externat: composition à analyser**
1. C'est le plan comparatif alterné: chaque thème est présenté dans le même paragraphe par rapport aux 2 TC.
2. Il y a 3 thèmes: 1 l'indépendance; 2 la discipline; 3 les études. Ils sont développés sur 3 paragraphes.

3   Il n'y a pas de prise de position car les deux systèmes sont jugés complémentaires et donc bienvenus.

p. 78   Mercedes et VW: composition à analyser

1. C'est un plan comparatif de type alterné: chaque thème est présenté en une seule fois par rapport aux 2 TC.
2. Ce sont au **par. 2**: le label de qualité; au **par. 3**: la clientèle et aux **par. 4** et **5**: l'évolution.
3. Il y a 3 thèmes sur 4 paragraphes.
4. C'est le thème de l'évolution aux **paragraphes 4** et **5**.
5. Le mot «cependant» indique une restriction par rapport à l'idée du **par. 3** selon laquelle Mercedes est pour les riches et VW pour les plus modestes.
6. C'est le mot «ainsi».
7. La conclusion termine en espérant que la concurrence entre les 2 constructeurs sera bénéfique, donc sans prise de position préférentielle envers une marque spécifique.

p. 80   Courrier postal et courrier électronique: composition à analyser

1. Il s'agit d'un plan comparatif alterné.
2. Ce sont: au paragraphe 2, l'aspect social; au par. 3, l'aspect financier, au par. 4, l'aspect pratique.
3. Elle se termine par une prise de position en faveur du courrier électronique.

p. 86   Avantages des examens: plan des avantages

1. Elle est bâtie sur une mention de l'antithèse (les désavantages) avant de mentionner la thèse: les avantages.
2. Ce sont: au **paragraphe 2**: «un premier avantage»; au **paragraphe 3**: «un autre avantage»; au **paragraphe 4**: «le dernier avantage».
3. Ce sont: le cadre de référence; le fait que le système est juste; l'objectivité.
4. La réserve exprimée par «il est vrai…» concerne la présence possible de subjectivité dans les examens.

p. 87   Inconvénients des examens: plan des inconvénients

1. On aurait pu regrouper la chance et le hasard dans le même paragraphe, car ils sont deux éléments aux aspects assez semblables.
2. Ce sont d'une part le bachotage et d'autre part la nervosité.
3. Le mot «enfin» au début du **5e paragraphe**.
4. Ce procédé est l'emploi d'une question rhétorique.

p. 88   Avantages et inconvénients des examens: plan binaire

1. Il se situe au début du **paragraphe 5** grâce à l'expression «face à…» qui indique une opposition.

p. 89   Pour ou contre la télévision: plan binaire

1. Elle bascule au **paragraphe 4**, avec le mot «cependant».
2. Il est bien équilibré car il développe 2 aspects contre (**par. 2** et **3**) puis 2 aspects pour (**par. 5** et **6**).

3 Les **paragraphes 5** et **6** offrent un parallélisme de construction: d'abord ils présentent un premier thème (au **par. 5** la culture et au **par. 6** l'instruction) puis ils mentionnent vers la fin du paragraphe un sous-thème (au **par. 5** le délassement et au **par. 6** l'amusement).

p. 90 Pour ou contre le mariage: plan binaire
1 Ce sont, du **par. 2 au par. 6**: 1 les couples en difficulté, 2 la peur / l'étroitesse d'esprit / le principe, 3 la liberté totale, 4 la popularité du mariage, 5 les joies et les avantages du mariage.
2 Il n'est pas strictement équilibré car il développe 3 thèmes contre et deux thèmes pour.
3 Le plan classification se voit à l'utilisation des mots suivants qui classent les gens en catégories: **par. 2**: «certaines personnes»; **par. 3**: «d'autres»; **par. 4**: «ceux qui …»; **par. 5**: «la majorité des gens».

p. 91 Avantages et inconvénients des examens: plan alterné
1 La trace d'un plan inventaire se voit au **paragraphe 4**: «un dernier aspect…»
2 Au **par. 2**: «cependant»; au **par. 3**: «cependant»; au **par. 4**: «mais».
3 Ce sont la chance et le hasard.
4 Ce sont les examens oraux et les examens écrits.
5 Oui, en faveur des avantages des examens.

p. 92 Pour ou contre la démocratie: composition à analyser
1 Il s'agit d'un plan binaire: **par. 2** et **3** indiquent le contre et **par. 4** et **5** le pour.
2 Les thèmes sont: **par. 2**: la crise économique; **par. 3**: la corruption; **par. 4**: la volonté de la majorité; **par. 5**: la liberté.
3 Le basculement dans le texte est au début du **paragraphe 4**.

p. 93 Que pensez-vous de la solitude? composition à analyser
1 Il s'agit d'un plan binaire: **par. 2** et **3** analysent le pour et **par. 4** et **5** le contre.
2 Le basculement se situe au **paragraphe 4** avec le mot «cependant».
3 Elle finit par une question rhétorique.

p. 94 Le métier de professeur: composition à analyser
1 Il s'agit d'un plan alterné : il développe 4 thèmes sur 4 paragraphes (**par. 2 à 5**) à l'intérieur desquels sont analysés successivement les avantages puis les inconvénients.
2 Ce sont: **par. 2**: la qualification; **par. 3**: la pédagogie; **par. 4**: la nature du métier; **par. 5**: le statut.
3 Il n'y a pas de basculement car ce plan est un plan alterné.

p. 97 La victoire française au mondial de 1998; composition à plan complexe
1 Il s'agit d'un plan par inférence.
2 C'est un plan de type déductif : l'idée principale de l'introduction : « la France est championne du monde » est démontrée par l'étude des causes de cette victoire dans les paragraphes du développement.
3 Il y a 3 causes à la victoire de la France: **par. 2**: la France comme pays organisateur; **par. 3**: le jeu magistral de l'équipe de France; **par. 4**: la prestation de l'équipe de France

	en finale contre le Brésil.
4	Le système des allocations de places a été vivement critiqué. C'est dans le **par. 2**
5	Il existe un autre plan inventaire de type classification. Les mots qui mettent en évidence ce plan sont: **par. 2**: «tout d'abord»; **par. 3**: «ensuite, …» ; **par. 4**: «enfin…».

p. 98   **Les conditions de la réussite: composition à plan complexe**

1. Il s'agit d'un plan par inférence.
2. C'est un plan déductif : l'idée principale de l'introduction : « la réussite ne s'obtient pas facilement » est démontrée par l'étude des conditions nécessaires pour réussir dans les paragraphes du développement.
3. Il y a aussi un plan de type numérique: au **par. 2**: «la 1e condition »; au **par. 3**: «la 2e condition»; au **par. 4**: «une 3e solution»; au **par. 5** : «la 4e solution».
4. Les thèmes sont: l'éducation, l'ambition, la patience et l'intelligence.
5. Le **paragraphe 5** est construit selon un raisonnement inductif car le thème de ce paragraphe, l'intelligence, n'est mentionné qu'à la dernière ligne du paragraphe.

p. 99   **La Suisse: composition à plan complexe**

1. Il s'agit d'un plan par inférence.
2. C'est un plan de type déductif : l'idée principale de l'introduction : la Suisse est « un pays complexe et unique » est démontrée par une accumulation d'exemples dans les paragraphes du développement.
3. Au **par. 2** : le thème est la diversité de la Suisse, au **par. 3** : les villes suisses, au **par. 4** : les problèmes de la Suisse.
4. Il y a aussi un plan dialectique: d'abord sont évoqués les aspects positifs de la Suisse (**paragraphes 2** et **3**) puis les aspects négatifs (**paragraphe 4**).
5. Le mot «cependant» du **par. 4** permet le basculement vers un autre aspect de la composition, l'aspect négatif.
6. Le **paragraphe 2** a un développement inductif: les exemples précèdent la notion de diversité (dernière ligne).
7. Le **paragraphe 3** a un développement déductif: les villes sont définies comme des centres internationaux et d'affaires (dans les lignes 1 et 2) puis suit la liste d'exemples: Genève, Lausanne, Montreux, Bâle et Zurich.
8. Le **paragraphe 4** a un développement déductif: la mention des problèmes dans la 1e phrase est suivie par une succession de certains de ces problèmes.
9. Oui, la conclusion suggère une possibilité de solution par l'entremise de l'adhésion à l'Europe.

p. 104   **«On ne naît pas femme,. On le devient». Simone de Beauvoir**

1. C'est un plan chronologique.
2. C'est une chronologie progressive: **par. 2**: la petite fille; **par. 3**: la jeune fille à l'école et à l'université; **par. 4**: la femme vis-à-vis de l'homme; **par. 5**: la femme au foyer et au travail.

p. 105   **«La discipline est la clé de la liberté». B. Frontenac**

1. C'est un plan inventaire ou évolutif ascendant.
2. C'est un plan de classification: on fait l'inventaire des différentes formes de discipline à raison d'une par paragraphe du développement.

3   Les mots indiquant la structure du plan sont: **par. 4**: «une autre forme de discipline…»
4   Les thèmes étudiés sont: **par. 2**: la discipline imposée (dans les prisons); **par. 3**: la discipline d'internat; **par. 4**: l'autodiscipline.
5   Il y a adhésion à la thèse de l'énoncé dans la mesure où la discipline en question est de l'autodiscipline.

p. 106   L'amour dans *La Symphonie pastorale* d'André Gide

1   C'est un plan par inférence.
2   C'est un plan de type déductif: l'introduction annonce l'influence énorme de l'amour dans le livre et le développement montre cette influence dans la vie des personnages.
3   Ils sont présentés par ordre croissant d'importance, du personnage le moins important au plus important.
4   Dans la mesure où les personnages sont traités à raison d'un par paragraphe, on pourrait aussi parler de plan inventaire par classification.

p. 107   «Un seul être vous manque et tout est dépeuplé». Alphonse de Lamartine

1   Les 3 questions de l'introduction ont leur réponse dans le développement : question 1, paragraphe 2 ; question 2, paragraphe 3 ; question 3, paragraphe 4.
2   Réponse : le caractère apparemment excessif de la citation est à comprendre dans un contexte extrême de rupture définitive ou de mort, ce qui crée une séparation perpétuelle devant laquelle on se sent absolument seul.
3   Réponse : Il faut comprendre cette citation dans un sens ponctuel où le passage du temps atténue bien souvent la douleur liée à la disparition d'un être cher.
4   Réponse : le passage du temps peut aussi avoir un effet néfaste sur les sentiments d'affection, et il peut transformer l'amour en un calvaire et l'être aimé en un obstacle.
5   Elle se fait par paliers, selon un plan en perspective : les idées s'enchaînent les unes aux autres, prenant toujours pour base ce qui a été dit au paragraphe précédent.

BIBLIOGRAPHIE

Amon, E., & Bomati, Y. (1994). *Vocabulaire pour la dissertation. Les Petits Pratiques du français*. Paris: Larousse.

Bénac, H., & Réauté, B. (1987). *Nouveau Vocabulaire de la dissertation et des études littéraires. Faire le point. Méthode* (Nouvelle éd. mise à jour.). Paris: Hachette.

Bousquié, G. (1990). *Le Sujet général de Français par l'exemple*. Les études par l'exemple. Série langue française. Paris: Roudil.

Désalmand P., & Tort P. (1992). *Du plan à la dissertation*, Profil 313/314, Paris : Hatier.

Désalmand, P., Tort, P., & Valle, S. (1992). *Bonnes Copies: Dissertation, Essai*. Profil formation (Vol. 2). Paris: Hatier.

Dupuis S., & Grossen D. (1998). *Apprentissage de la dissertation*, Département de l'instruction publique, Genève.

Gaillard N., & Gavillet F. (1996). *Un Parcours vers la dissertation : éléments de méthode et exercices*, Office cantonal des fournitures et éditions scolaires du Canton de Vaud.

Hanquier, E. (1991). *Clés Pour La Dissertation: Du Brevet Au Bac*. Paris: Retz.

Miquel, J. (1973). *La Composition française par l'exemple*, Paris : Roudil.

Niquet G. (1996). *Du paragraphe à l'essai*, Profil 424, Paris : Hatier.

Niquet, G. (1987). *Structurer sa pensée, sa phrase*. Paris : Hachette.

Yaiche, F. (2003). *400 citations expliquées*, Profil 398, Paris : Hatier.